LOCUS

LOCUS

LOCUS

LOCUS

Smile, please

smile 116

清醒做夢指南：全面啟動你的夢境之旅

作者：狄倫‧圖契洛（Dylan Tuccillo）、賈瑞‧塞佐（Jared Zeizel）、
　　　湯瑪斯‧佩索（Thomas Peisel）

插畫：瑪亨達拉‧辛（Mahendra Singh）

譯者：MaoPoPo

責任編輯：潘乃慧

美術編輯：顏一立

校對：呂佳真

法律顧問：董安丹律師、顧慕堯律師

出版者：大塊文化出版股份有限公司

台北市105022南京東路四段25號11樓

www.locuspublishing.com

讀者服務專線：0800-006689

TEL：(02)87123898　FAX：(02)87123897

郵撥帳號：18955675　戶名：大塊文化出版股份有限公司

版權所有　翻印必究

總經銷：大和書報圖書股份有限公司

地址：新北市新莊區五工五路2號

TEL：(02) 89902588　FAX：(02) 22901658

初版一刷：2014年4月

初版六刷：2022年12月

定價：新台幣320元

Printed in Taiwan

A *Field Guide*
to *Lucid*
Dreaming

Mastering
the Art of Oneironautics

Dylan Tuccillo　Jared Zeizel　Thomas Peisel　著

MaoPoPo　譯

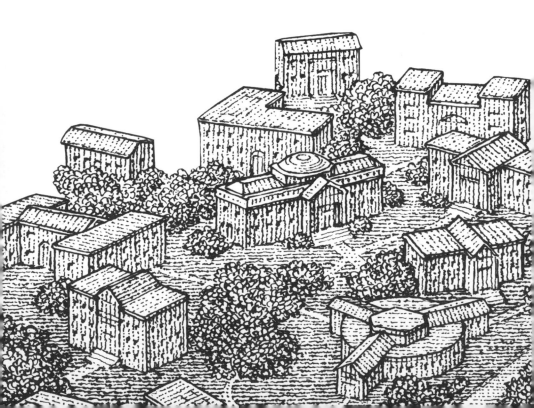

清醒做夢指南

全面啟動
你的夢境之旅！

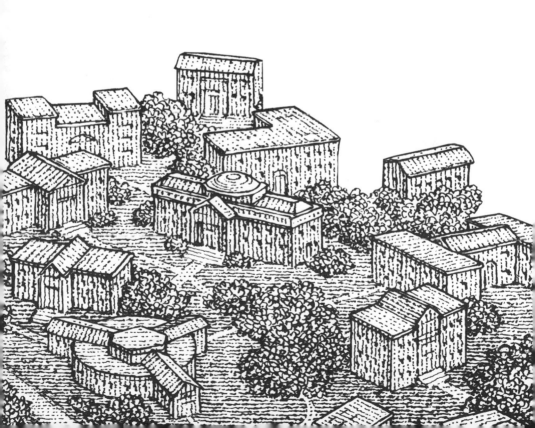

A

Field Guide
to Lucid
Dreaming

目 錄

═ 0 ═
前　言

吾等將永不停止探索
而一切探索之終
將回到啟程之始
並首度真正識得該地。
──T・S・艾略特（T. S. Eliot），
詩人、劇作家，又名老負鼠（Old Possum）^{譯註一}

　　白地圖上存在空白之處開始，就存在著許多探險先驅──他們對
於邊境地域毫不畏懼，並著迷於一切未被馴服、前所未知、尚未被人
發現的事物。這些人士受到體內探險衝動的啟發，探索新世界、為新
疆界繪製地圖，或是發掘嶄新的觀點。他們是改革者、創造者、有卓
越見識的人士，也是探險家。

時至今日，我們發現自己身處另一個邊境。你——拿著這本書的你——準備踏進這個未知的世界。你將前往何處？地圖上還有哪些地方未曾被探索過？唯一的空白處位於海洋深處以及廣袤的外太空，但你不會前往上述兩者中的任一地。這趟旅程有一點不同，你不會在任何地圖上找到目的地。

但你並非此地的異鄉人。事實上，不管你是否意識到，你此生每晚都造訪此境。你離開熟悉的世界，前來體驗這個地方，這裡有其規則、風俗、律法和當地住民。你可以像穿越森林一樣，橫越這個邊境之地。在這裡，你可以學習、探索、療癒，並覺知到迥然不同的現實世界。

如果你端詳過本書封面，就會知道我們說的是什麼——是的，就是夢境！本書的目的是幫助你利用清醒夢的技巧，來探索你的夢境。我們接下來會解釋什麼是「清醒夢」，以及如何使用清醒夢來調查自身潛意識的地基。我們會教導你如何成為一位 oneironaut；這個字來自希臘文，意思是「夢境旅行者」。

「做清醒夢」就是「知道自己正在做夢」的能力。一位清醒夢做夢者可以在夜晚入眠之後，在自己的夢境中醒來。藉由這種獨特的覺察力，基本上你可以像清醒的人一樣活動，運用清醒時真實生活中的自由意志、想像力和記憶。一旦進入清醒夢的狀態，你可以探索夢境，甚至改變夢境中的元素。

如果你前往亞馬遜流域旅行，會需要一位當地嚮導，告訴你哪種植物可以食用、如何在這塊地域辨認方位、如何和當地原住民打交道。你可以把本書當作前往夢境世界的旅遊指南，或是帶領你在自我潛意識中辨認方位的地圖。如果你是頭一次接觸清醒夢，可能會覺得探索自我的潛意識聽起來非常瘋狂或可怕。但是毋須擔憂，我們已經研究

出最佳的技巧，也獲得一些進展，把這些淬鍊成最簡單的形式。如果你已經體驗過清醒夢，這本指南將協助你在前往超出想像的境地旅行時，更加熟練這項技巧。

我們將教導你：

1. 如何重新連上你的夢境。
2. 如何做清醒夢。
3. 一旦你在夢中清醒，你該做些什麼。

本書各章節皆提供詳細的步驟指南、夢境世界的故事，還有許多美妙且讓人為之瘋狂的點子。這些內容都來自於我們十年來做清醒夢的親身經歷，以及其他許多清醒夢做夢者、作家、科學家的真實經驗。我們的目的是從夢境世界回來報告，並寫出我們實際觀察到、體驗到的一切。

本書和其他旅行指南書有一個不同之處：本書的架構設計需要讀者從頭讀到尾，就像走一趟叢林之旅一樣。第一章的資訊會在第二章用到，第二章談過的小訣竅會在第三章出現……以此類推，因此盡量控制你的衝動，不要往前跳著讀。

在你啟程進行這趟內在探索之旅前，我們要先提醒你一件重要的事：雖然「做夢」是一種可藉由練習和集中注意力增進的技巧，但這對你來說並不是什麼全然新奇的事物。你本來就會做夢，每天晚上都做夢，不管醒來後是否記得。

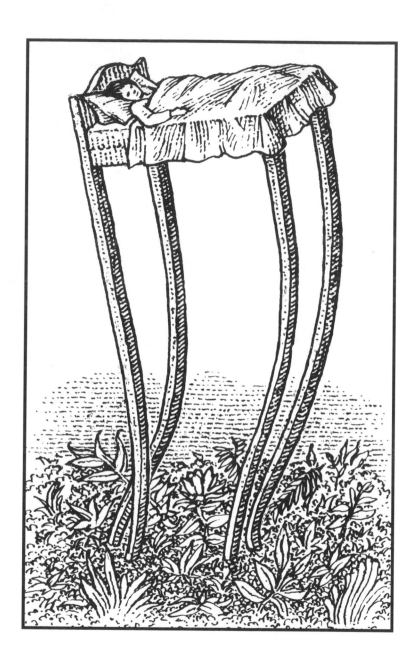

準備好啟程了嗎？以下是你的第一課。上方的羅盤小圖會經常出現在書中各處。**請試著這麼做：**每次你看到這個羅盤，問自己以下的問題：「我此刻正在做夢嗎？」環顧一下四周，試著認真回答這個問題。

　　懷疑你所處的現實聽起來或許很荒謬（你當然是清醒的，畢竟你正在閱讀這本書），但是你很快就會知道，「檢查現實面」是在夢裡醒來的第一步。如果嫻熟這個技巧，要做清醒夢就沒有任何問題了。

　　因此，現在請花點時間，問問你自己這個似乎很怪異的問題：

「我此刻正在做夢嗎？」

譯註一：T・S・艾略特在一九三九年出版了一本名為《老負鼠的貓經》（*Old Possum's Book of Practical Cats*）的古怪趣味插圖詩集，是他為孫子們所創作，出版時以「老負鼠」為筆名。著名的百老匯歌舞劇《貓》便是以此書改編而成。本處引言出自《四首四重奏》（*Four Quartets*）組詩裡最後的〈小吉丁〉（*Little Gidding*）。

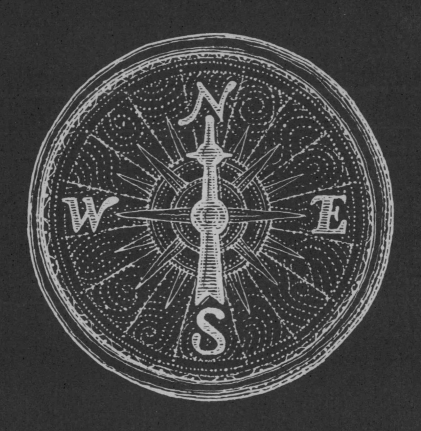

第 一 部

踏上旅程

Starting the Journey

1

嶄 新 的 發 現

一九七五年四月十二日,在英國赫爾大學的心理系,研究員奇斯.賀恩(Keith Hearne)拚命想要讓自己保持清醒。他獨自坐著,監看一位名叫亞倫.沃斯里(Alan Worsley)的受試者的睡眠過程,並盯著多頻道睡眠記錄儀(polysomnograph)單調的數據線起起落落。沃斯里看起來就和所有睡著的人一樣——雙眼緊閉,胸膛隨著呼吸上下起伏。現在時間是早上近八點,到此刻為止,這個安靜的週六早晨沒有任何不尋常之處。但是再過幾分鐘,某件神奇的事情即將發生。

就在此刻,這兩位科學家試著找出能夠改變歷史的發現,以科學方式證明一項幾世紀以來人類已知的祕傳能力:我們可以在夢境中有意識地保持清醒。

但這項能力要真正成為突破性的大發現,有一項顯而易見的障礙橫亙在前:像這樣一個奇怪又荒謬的主張要怎麼樣才能被證明為真?

沃斯里先前已經體驗過大量的清醒夢。對他來說，要在自己的夢境裡「保持清醒」一點也不困難。但是他要怎麼證明他在夢境裡是清醒的？沃斯里可沒辦法帶部相機進入夢中世界，然後拍一些拍立得照片帶回來。為了證明這項能力，研究者需要一個能夠讓夢中世界和清醒世界相互溝通的方式。他們需要某種電話線路，讓沃斯里「打電話」給賀恩，告訴他他正在做夢。

既然這項壯舉從未被現代科學成功證實過，這兩位科學家無法仰賴過往的實驗來找出實踐方法。

他們孤立無援，獨自在混沌未明的科學邊疆探索。幸運的是，賀恩和沃斯里想到了一個辦法。

有一些基本的科學事實幫助他們建構出這項聰明的理論。要知道，當心智在夢境中非常活躍時，身體就會停止運作。當我們周遊在夢鄉之際，身體基本上處於癱瘓狀態，大腦中的運動神經元此刻靜止不受刺激，身體的肌肉沉睡不動。這是一種正常的狀態，稱之為睡眠麻痺（sleep atonia）。幸運地，人體中還有兩個器官不受這種癱瘓狀態影響：一是肺的橫膈膜，讓我們保持呼吸；另一個則是眼睛[1]。一天，我們這位得意洋洋的科學家帶著以下假設走進實驗室：如果沃斯里可以在夢中世界將眼睛左右轉動，真實世界中他沉睡身體的雙眼應該也會呼應同樣的眼球運動。人的眼睛可以成為那條電話線，讓這兩個世界互相溝通。

> 我身處一棟玻璃帷幕的高樓大廈,一名壞蛋在大樓外對我辱罵奚落。他駕著一個類似滑板的裝置在空中飛行。當我意識到眼前情況的荒謬性,馬上知道我在做夢。「我在做夢!」我在心裡對自己說,然後就跳出大樓外,身上只穿一件泳褲。我朝那個壞蛋的方向飛去,想要追上他。他比我快多了,但是我可以模仿他的動作並追上他。我們彼此追逐,在大廈四周和大廈間穿梭飛行。我可以讀出他非常細微的動作,彷彿我們是兩隻鳥兒,彼此追逐著。接著我低頭以直線飛行,不再追隨他的路線。我抓到他了!我從後面抓住他的飛行器,把他高高拋入空中。我不確定他後來怎麼了,因為到此我就醒了。——米蓋爾·H(MIGUFI H.)

　　早上八點零七分,沃斯里發現自己在夢境之中。一旦他意識到自己正在做夢,亦即他的身體在清醒世界中無意識地躺著,他馬上進行事先約好的特定眼球動作——眼球左右來回轉動八次——好讓實驗室知道他正在做夢,而且是有意識地這麼做[2]。「這個訊號來自另一個世界——夢中世界。」賀恩如此寫道:「而這就和來自太空中另一個太陽系的訊號一樣令人興奮。」[3]腦電波圖(EEG)的指數證實了這件事,記錄下沃斯里的大腦活動:他生理上處於睡眠狀態,他的大腦卻清醒得足以傳送訊息回實驗室——他正在做清醒夢。

　　三年後,一個名叫史蒂芬·賴博格(Stephen LaBerge)的人,在史丹佛大學主持一個類似的實驗。在完全不知道賀恩實驗的情況下,賴博格完成他的博士論文,論文主題也試圖證明同一件事:有意識地做夢並非無稽之談,而是一項可被證實的真實經驗。藉由眼球轉動傳遞

訊號的技巧，賴博格也成功了。更多實驗證實這項發現，相關消息逐漸散播開來。幾世紀來先人傳下來的技巧，現在終於有了科學證明。

我們可以在夢境中保持清醒。

提高覺知

在我們進一步談論進入夢境探險的細節之前，我們先往後退一步，提出一個顯而易見的問題：到底什麼是「清醒夢」？所謂的「清醒夢」，就是你清楚意識到你正在做夢。請不要把這點和做一個栩栩如生的夢境混淆，「清醒夢」是當下你意識到你正在做夢，是一種突然之間自我觀照式的頓悟：「等一下……我正在做夢！」你可能會注意到你正處於一個平常狀態下不可能出現的地點（等等，我是怎麼來到夏威夷的？），或是你忽然發現某件荒謬到不可思議的事物（那是鴕鳥在開車嗎？）。也有可能，讓你有所頓悟的東西和你的過去有關（等一下，我明明已經從大學畢業了啊！這一定是在做夢！）。通常的情況下，會引發清醒夢狀態都是因為某種不連貫性，某樣忽然讓做夢者停下動作並質問自己所處的現實狀態的東西。

夢境旅行學 (O-NEIR-O-NAUT-ICS)

「夢境旅行者」的英文 oneironaut 來自兩個希臘字，*oneira* 意指「夢」，而 *nautis* 的意思則是水手。所謂的夢境旅行者就是學會在夢中世界旅行的人，他能帶著高度的清醒意識和覺察探索整個夢境大地。

我從床上起身，雙腳踩地站直。我看了一眼電子錶，檢查自己是否置身於現實世界；我把眼光別開，再回頭看一次錶面。雖然錶上的數字的確改變了，我還是無法完全確信那真的是個夢，因為一切都如此鮮明、栩栩如生。——班·S（BEN S.）

一旦進入清醒夢的狀態，你會擁有清醒時的所有記憶，也能進行邏輯性的思考、做決定，或是像橫越物理世界一樣探索夢中風景。你對整個夢境及其內容擁有直接的影響力。在一般的夢境中，你只能盲目地反應，無法觀照反省當下的處境，但是在清醒夢中，你駕馭一切——心智的清醒程度足以讓你發號施令。你可以和夢中人物對話、飛越高聳山脊、在水中呼吸自如、毫無困難地穿牆而過——以上不過是少數幾個範例。在清醒夢中，你不再受限於肉體，能隨心所欲移動非常遠的距離，以驚人的速度移動，甚至像一般所說的——穿越時空。

當你理解到你和夢境裡的內在世界毫無隔閡，就可以移動物體、改變其樣貌，甚至憑空造物。你周圍環境中的每樣東西關係都非常緊密；甚至可以說周遭的世界就是你自己！如果你覺得這聽起來像在吹牛，你就錯了：清醒夢中的觸覺、嗅覺、視覺、味覺和聽覺都顯得和清醒世界一般鮮明。如果你看過科幻電影《駭客任務》，那你很清楚這世界的模樣：這是一個彷彿真實的地方，但一切不過是心智的投射。片中，當主角之一莫斐斯（Morpheus）形容「母體」（The Matrix）時，他是這麼說的：「如果所謂的真實就是你可以感覺到、嗅聞到、品嘗到以及看到的一切，那

說到我早期的清醒夢，我記得最早的一個是在我開始上中學的時候（那時我大概十二歲），那些夢一開始的場景幾乎都是我在學校裡、在走廊上走來走去。雖然夢裡的每件事感覺和真實生活中沒兩樣，最終我還是發現少了什麼東西，而我身處的那個世界並非真實。我逐漸發展出一種方法來測試我到底是不是在做夢：我會去「找」一間廁所，然後注視著馬桶。如果我在馬桶裡看到自己的倒影，就會知道我正在做夢，接著就能完全意識清醒地和夢境互動。——威爾・B（WILL B.）

麼『真實』不過是一些經過你大腦詮釋的電波訊號。」不過,和《駭客任務》不同的是,「清醒夢」可不是科幻電影。

想像自己不受肉體的束縛,還可以把地心引力這種愚蠢的東西拋諸腦後。想像一下騰空飛翔,而且是真的飛行,感覺到撲面而來的氣流,身體的無重量感,打破所有牛頓力學定律。想像自己見到夢中的住民並和他們交談,他們還給予你人生的寶貴洞見和知識。你將可找到藏諸此地的智慧和引導,這些可能從此改變你的人生。

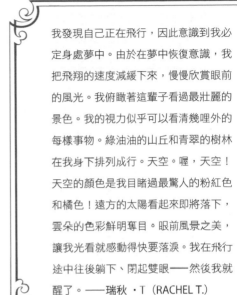

我發現自己正在飛行,因此意識到我必定身處夢中。由於在夢中恢復意識,我把飛翔的速度減緩下來,慢慢欣賞眼前的風光。我俯瞰著這輩子看過最壯麗的景色。我的視力似乎可以看清幾哩外的每樣事物。綠油油的山丘和青翠的樹林在我身下排列成行。天空。喔,天空!天空的顏色是我目睹過最驚人的粉紅色和橘色!遠方的太陽看起來即將落下,雲朵的色彩鮮明奪目。眼前風景之美,讓我光看就感動得快要落淚。我在飛行途中往後躺下、閉起雙眼——然後我就醒了。——瑞秋‧T(RACHEL T.)

任誰都辦得到嗎?

我們從很小的時候就被告知,只要有決心,什麼事都辦得到。但是當我們長大之後,當初這些保證性的話語就開始失去可信度。不是每個人的節奏感都很好,數學解題能力也不會憑空掉下來。然而幸運的是,每個人都可以做清醒夢。這不是某種必須追求的能力,而是一種天生就擁有的能力。事實上,研究顯示大多數人至少做過一次清醒

夢[4]，可以拿來說嘴。根據一份一九九八年針對一千名一般奧地利人所做的研究，受試者中有二六％的人聲稱這輩子至少做過一次清醒夢。當四百三十九名德國學生被問及同樣的問題，八二％的人表示有過清醒夢的經驗，其中更有多達一○％的人聲稱一個月內會做上二到三次清醒夢！這些普通人未曾受過任何訓練，就已見證完全自然狀態下的有意識夢境。該份德國研究的結論之一還包括：人格並非影響做清醒夢與否的主要因素。不管你是自由派、保守派，外向還是內向，你都可以在夢中「清醒過來」[5]。

　　要從一般夢境跳到清醒夢，唯一的條件就是辨認出自己正處於做夢的狀態。這種頓悟可能在許多情況下自發性地產生，也可以藉由一些簡單技巧引導誘發。

　　你不需要任何東西讓自己在夢中「清醒過來」，也不需要借助藥物或特別的儀器來展開首趟旅程——你擁有一切必要的裝備：一般程度的頭腦、少許耐心、一些零碎的餘暇時間。本書將告訴你如何釋放你的睡眠潛力。

清醒夢的效益

我從來沒有感覺這麼美好、頭腦如此清楚、
像神一般強大有力，以及說不出地自由自在！
這種感覺細緻到無法用言語表達，但是它只維持了一陣子，然後我就醒了。
——奧利佛‧福克斯（Oliver Fox），二十世紀初的作家暨夢境探險家

　　清醒夢是一種超越言語的經驗。試圖用文字來描述它通常搔不到
癢處，就好像把一塊錐狀的荷蘭高達起司（Gouda）壓扁成一片美國
起司。清醒夢中的確有令人振奮的飛行和超能力的冒險。在體驗過一
些清醒夢之後，許多人會經驗到一種觀點的劇烈轉移——他們會明瞭，
比起當下理解的一切，現實生活其實還有更多層面。有些人此後再也
不畏懼死亡！許多人都說清醒夢是一生之中有過的最美好經驗。

1. 探險和幻想

　　印第安那‧瓊斯（Indiana Jones），你就羨慕死吧！許多人開始做清
醒夢是因為內心有股想要探險的欲望，還有一股想要達成不可能任
務的誘惑。對新手清醒夢做夢者來說，飛行和性交似乎是他們最初
會從事的活動。電影導演米歇‧龔德里（Michel Gondry）就曾這麼對
《衛報》描述他在夢裡「醒來」的情形：「於是我和第一個碰到的女
孩子做愛。」[6] 既然真實世界中的物理定律和社會規範在夢中世界都
不存在，夢中的清醒狀態提供做夢者一個最佳的遊樂場，讓你自由
發揮你的幻想。躍上一座高山、遇見某種神奇生物、和已逝的名人
交談、縮小身體從螞蟻的角度來觀看世界，或是在蒸汽火車的車頂
野餐……這一切有何不可？

2. 面對惡夢

對有些人來說，惡夢真的很令人困擾。許多人在夜裡被自己的恐懼襲擊，為了閃避惡夢，乾脆將夢境整個忘掉，這也算是某種防衛機制。但是如果你能在惡夢中「醒來」，你不但擁有扭轉潛意識創造出的恐怖故事腳本的能力，還有力量找出糾纏你的源頭，進而療癒自己。因此，請把握住這個機會：面對你體內的怪物，拔除你的惡夢，而不僅僅是被動地逃離。

3. 激發創意和靈感

對於具有創造力的人來說，夢境是個樂園仙境。藉由在夢境中有意識地恢復清醒，數量驚人的知識和靈感都將唾手可得。如果你正在寫一本書，可以在夢中和筆下主角面對面交談。你也可以請來愛因斯坦親自為你解釋相對論，或是作曲、擬演講稿等。如果你相信夢中世界是由你的潛意識心智所創造，那麼夢境就是讓創造力無拘無束自在奔馳的最理想地點。這裡毫無限制，你幾乎可以創造任何你想要的事物。

4. 具創意的問題解決之道

清醒夢可以作為測試場所，先行試驗新的技巧。先在夢境中想像自己對著一整間的人做季報告，在這裡你會感到一切都在控制之中，也很放鬆。如果你是運動員，在現實世界真正比賽前，想像你在即將到來的競賽取得優勝、進球得分、打破紀錄。遇到問題需要解套方法？去夢裡尋求建議。自古人們就會在夢裡尋求指引，夢境也是找出日常生活裡問題解決之道的絕佳途徑。

5. 療癒

人身體上的病痛有時肇因於情緒或靈性上的不平衡。夢境療法的歷史已有千年之久，最早可追溯到古埃及時代。你生病了嗎？或是骨折、感覺憂鬱、心碎？在清醒夢中，你可以療癒自己身上的許多層面。你可以變得更快樂，也更完整。

6. 認識自我

夢境通常像一面鏡子，讓你看到自己的「倒影」。藉由在潛意識中恢復意識，你可以探索自己的內在世界，並加深與它的連結。你是誰？你想要什麼？做清醒夢可以是探索靈魂的絕佳工具，也是碰觸你更深層白我的方式。

> 上床睡覺之前，我就打算要夢到拳擊。我夢到我正要參加一項拳擊巡迴賽，當我抵達賽場時，他們告訴我我的量級沒有人可以和我對打。當我準備離開時，我意識到我正在做我一直想做的夢，於是我就在夢裡「醒過來」。我叫某人找一名對手給我，於是他們找了一個可以和我對打的傢伙來。接著我們便在擂台上對打，感覺起來就像真的拳擊賽一樣。我可以感受到我的肺在喘息、心跳加快、出拳時肌肉的收縮，以及被擊中的疼痛感。我也可以控制對手的技巧等級，這樣他就不會逼得太緊。這就像在真實生活中訓練一樣。唯一的差別就是我不會真的因此流鼻血，只是感覺像在流鼻血而已。
>
> ——凱爾‧O（KYLE O.）

前方之路

在古代，做清醒夢被視為一種神祕活動，然而現在已經脫離神祕學的範疇，進入現代世界。二〇〇七年，《紐約時報》刊載了一篇文章，文中寫道：「（清醒夢）這種祕傳之道，在西方世界自一八六七年就有記載，目前似乎更廣為人知。」[7] 主流科學界已經注意到清醒夢，而清醒夢也躍上電影和電視節目成為主題，這是一種任何人都可以學得的能力，而且有上萬人實際執行過了。對你來說，這意味著一件事：要學習做清醒夢，沒有比現在更容易的了。

你今晚就可以在夢中「醒來」。

當我一開始學會如何在夢境中「清醒過來」時，夢中每一樣事物的真實性讓我驚訝不已。在最初幾個清醒夢裡，我只是四處走來走去，感受一下夢中的物體。那種強烈的感受以及材質上的觸感實在讓我震驚。一切感覺起來就和清醒世界裡一模一樣！當我走路時，可以感受到身體的重量、衣服摩擦皮膚的觸感。當我碰觸某樣東西，我可以感受到該物體的重量和材質，也可以聞到花香、感覺到太陽照射的溫度。我的心智到底是怎麼創造出這一切的？──湯瑪斯‧佩索，本書作者

這種經驗可能自然地發生，或是藉由本書後面章節所介紹的一些技巧來引導。過程可能會花上一天、一週或是一個月。無論如何，當你看完整本書，你就會知道如何在夢境裡讓自己完全恢復意識。只要一點點幫助，你就可以成為你夢中風景的先行者，並熟練創造、飛行、孵化的技巧，以及其他更多數不清的能力。

2
夢是什麼？

若說夢境轉譯自清醒時的生活，那麼清醒生活也來自夢境的轉譯。
——雷內‧馬格利特（René Magritte），
畫家，熱愛圓頂禮帽和青蘋果

　　每一晚，籠罩在睡眠的薄紗之中，我們雙眼緊閉，將世界隔絕在外，此時一個嶄新的世界出現，感覺如此熟悉卻又有所不同。強大、荒謬、神祕、可怖、美麗、危險、真實且令人困惑不已——要形容夢境為何或是夢境給予我們的感受，簡直是不可能的任務。在你能夠做清醒夢之前，必須瞭解夢的本質為何。本章將提出一個問題：我們究竟對夢境瞭解多少？進而直搗夢境核心。之後，等你的腦袋上緊發條，你將啟程進入夢境世界旅行。

有創意的做夢者

著名的披頭四樂團成員保羅·麥卡尼（Paul McCartney）一天早上醒來，腦中迴盪著〈昨日〉（Yesterday）的曲調。「我非常喜歡這段旋律，」他說：「但因為這是我做夢夢到的，我不敢相信那是我寫的。我心想：『不，我從來沒寫過像這樣的東西。』但是我得到了這首曲子，這是最神奇的！」披頭四的經典歌曲中還有一首靈感也同樣來自夢境，麥卡尼描述了這段經驗：「有一陣子我很忙、很緊張，一天晚上我夢到我媽，她已經過世十年了。能再看到她真是太好了！這是做夢最棒的部分：你可以和某人相聚一刻；他人就在那裡，你們看起來就像實際重逢一樣。對我來說，這經驗真是太棒了，而且她帶給我非常多的安慰。在夢中，她說：『一切都會沒問題的。』我不確定她是否真的說了『讓它去吧』（Let it be）這句話，但這就是她給我的主要建議。」[1]

打從開天闢地以來，夢境就一直讓我們著迷不已。夢一直是人類故事的一環，在人類費心鑽研的每個領域引導著我們。歷史上幾乎所有文明都研究過夢境，並崇拜夢境、練習做夢。

時至今日，至少有兩座諾貝爾獎、驚人的科學重大發展、無價的各種發明、文學小說、藝術創作，以及其他許許多多的發現[2]，可歸功於夢境。

美國發明家豪伊（Elias Howe）曾夢到被食人族攻擊。他注意到食人族的矛在尖端處都打了個洞。豪伊將這個概念應用到他的新發明上——也就是史上第一台縫紉機。據說元素週期表也是俄羅斯化學家門得列夫（Dmitri Mendeleev）在夢中夢到的。林肯總統、馬克·吐溫、瑪莉·雪萊，甚至是希特勒都曾被夢境裡的事件影響過。不管你是名流或走卒，夢境都是我們日常生活非常重要的一部分。由於夢的力量、

啟發及指引，夢對人們來說，至今依舊是個驚人的謎團。

世人皆夢

你不需要讀這本書，就能發現夢境有多令人興奮。和活在這世上的每個人一樣，你會做夢。我們都會做夢，此事舉世皆準。「做夢這件事把全人類繫在一起。」[3] 作家傑克·凱魯亞克（Jack Kerouac）這麼寫道。我們或許在許多方面迥然相異，但是有一點是確定的：不論我們的年齡、種族、宗教信仰、職業、飲食習慣或性取向為何，我們都會做夢，而且每天晚上都如此。

有些人會哀嘆自己從不做夢。這些人錯得可憐。他們的真正意思其實是：他們不記得自己的夢境，而非他們不做夢。事實上，研究者已經發現我們每晚大約要做上兩小時的夢[4]。讓我們把可靠的計算機拿出來按一按——我的老天爺！一般人一生平均要花上六年的時間來做夢！或許你就屬於那些完全記不得自己夢境的人之一，一旦醒過來就很難回憶起夢境內容（我們很快就會協助你克服這點）。

但是我們為什麼會做夢呢？這麼普遍的行為背後一定有某種目的？夢到底是什麼東西？當我們睡著的時候，都發生些什麼事？我們會去哪裡？在我們這個超現代的世界裡，即使熟知所有文化史，具備理解力和聰明才智，答案還是會讓你大吃一驚。

答案是：我們不知道夢是什麼。

瞭解夢境

試圖解釋夢境為何的理論不勝枚舉。自從佛洛伊德（Sigmund Freud）在世紀之交出版了經典名作《夢的解析》（*The Interpretation of Dreams*），因而點燃那根著名的頓悟（insight）雪茄之後，現代心理學便一直嘗試揭開人類夢境的神祕面紗。《夢的解析》最初於一八九九年面世，此書建立起佛洛伊德詮釋夢境的立場觀點，也使當代社會看待做夢的態度大幅改變。

簡言之，佛洛伊德主張所有的夢境都是人類實現願望的形式。也就是說，夢境的出現是因為我們在日常生活中累積了許多被壓抑的衝突和欲望。夢是我們心靈在「無意識」（unconscious）狀態下試圖解決這些過往衝突的作法。

自佛洛伊德以降，一群又一群聰明絕頂的思想家跟隨這位奧地利學者的腳步，試圖瞭解我們稱為「做夢」的人類經驗。如今距離《夢的解析》問世已逾百年，這期間我們想必獲得不少進展，是吧？呃，多多少少吧。關於夢境到底為何，或是為什麼我們會做夢，至今仍無任何理論可獲得普遍認同。如果你和我們一樣覺得這個狀況真是太扯了，那不妨參考一下另一項事實：科學界至今仍在努力，企圖解開「睡眠」真正的功能和目的。

有些研究者認為夢境不具有任何實際的目的，也有學者認為做夢對於人類的心智、情緒及生理健康都非常重要[5]。以下介紹幾個比較主流的觀點：

🐝 **人腦就像電腦**。有些人認為夢是我們組織訊息的方式之一，也會幫助我們儲存記憶。就像電腦一樣，夢是一種「磁碟重整」的方式，讓我們的心智可以重新組織整理；這樣一來，醒轉時才能準備好運算更多的資訊[6]。

🐝 **未來的預演**。有一種理論相信夢不過是一種安全的環境，讓我們在其中連結不同的想法和情感，也可以在此準備、練習即將發生的事件[7]。

🐝 **隨機**。如果你大學修過心理學課程，就一定聽過「活化－整合假說」（activation synthesis model）的理論，由科學家艾倫‧霍布森（Alan Hobson）和羅勃‧麥卡雷（Robert McCarley）於一九七七年提出，是目前較為人認同的理論之一。根據這項假說，夢是大腦對我們睡眠時生理活動產生的反應[8]。他們主張：「夢是神經隨機放電的附屬品……我們的大腦前額葉試圖將之組織成一條故事線。」[9]基本上，他們認為夢就是胡言亂語。

夢境體驗

接下來，你想要先聽好消息還是壞消息？壞消息是：我們的社會對待夢這件事有點不屑一顧。整體來說，我們似乎沒有把夢境當成人類經驗中的無價之寶，好好地珍視它。就像羅柏・摩斯（Robert Moss）在他的著作《有意識地做夢》（*Conscious Dreaming*）中所說：「典型的做夢者在醒來之後完全記不得他前一晚身在何方，就跟失憶的醉鬼沒什麼兩樣。」[10]

有些人會用「幼稚」、「胡言亂語」或「浪費時間」來形容夢境。這是因為我們成長的環境就是這樣在看待夢的，我們只記得一些對我們來說通常毫無意義的碎片。壞消息是我們被教導要無視於夢境，把夢境當作無意義的干擾物。

本書的立場則是：上述的當代夢境理論並非不正確，而是不完整。科學只檢驗了二十層樓大廈的一樓而已；關於這個主題還有更多內容可以探索。那麼好消息是什麼？好消息就是你不一定要和前人一樣。作為先鋒，我們可以改變我們所在的航道，把船隻導向新的方向。我們可以發展自己的做夢技巧，只要願意就可以做到。

舉例來說，當我們提到「夢」這個字，我們指的到底為何？許多人在摸索定義時，會想到一閃即逝的影像和模糊的感受、凌亂隨機的故事片段。這有何不可？我們早晨醒來，在當天稍晚忽然回想到前晚的夢境，這似乎就是夢境的模樣——稀疏飄渺且紊亂多變。

但這只是對夢境記憶的第一印象。記得的夢並不是夢本身[11]。

這項區別非常重要。舉例來說，當你試圖回憶十歲生日的派對，或是兩週前的週六做了什麼，這些記憶是什麼模樣？它們就像是一個

記得的夢境：朦朧的影像、模糊或暗淡的感受，這裡、那裡有一些細節特別突出。你對十歲生日派對的記憶和你當時真正的體驗完全不能相比。就和實際生活中的事件一樣，夢境本身和現在一樣，也有一個「當下時刻」。

能不能意識到那個「當下時刻」，對於能否做清醒夢是重要關鍵。

你可以想像有個男人在一艘船上低頭看著海洋，看到許多不同顏色和形狀的污點在水中移動，他的結論是水面下那些東西不過就是如此──一些不同顏色和形狀的污點。於是他穿上潛水裝，下海游泳。

當他沉入海平面下，被一整個全新的世界圍繞。他先前以為不過是微光的色彩形狀如今變得栩栩如生、輪廓分明：有魚群、珊瑚礁、複雜的生態系，這些從以前到現在一直都存在，就在他的眼皮底下。

如果我們從外往內看夢境（只有關於夢境的記憶），會完全抓不到夢的完整真實。當夢境顯露時，我們需要去體驗它。這就是做清醒夢的核心奧義──能夠意識到夢境世界的當下時刻。

你做夢的時候去了哪裡？

沒有人知道夢境發生在何處。不消說，科學家和心理學家對於這個令人卻步的問題提出了許多理論和假設，至今仍未有公認的說法。請你花一點時間想一想：

當我做夢的時候，我都去了哪裡？在本書中，我們會稱這個目的地為潛意識。簡要地說，所謂的潛意識，就是有意識的心智活動之外所有的心智活動。

說文解字

「無意識」（unconscious）和「潛意識」（subconscious）到底有什麼差別？這兩個字基本上是可以互換的；我們只是剛好比較喜歡「潛意識」而已。我們覺得臨床上較常用的「無意識」令人困擾的一點是：這個字會讓我們腦海中浮現出一個昏迷、對外界無感的植物人形象。「潛意識」則會給我們一個隱匿之處的想像，但依然在伸手可及的範圍內。

潛意識（理論上）比心智的意識面要大得多，而且後者以前者為糧，潛意識影響我們的決定、思想和感受，也是想像力的來源，亦可能是智慧的泉源。若說夢境世界是潛意識的化身，此話並非毫無根據。然而，因為夢境是一幅由個人符碼、原型（archetypes）及清醒時生活的細節所編成的織錦畫，若說夢境世界是我們大部分心智的實際化身，也不為過。

這幅景象看起來很棒，不是嗎？在你的頭蓋骨之下有一個無窮無盡的世界，充滿雲朵、野獸、記憶、恐懼、老朋友，還有一座座完整的城市。每天晚上，你都能進入這片無邊無際的景色中。真是精彩的自我探險！當你學會在夢中維持意識的清醒，請牢牢記住這個問題：我們造訪的是潛意識還是別處——某個遠遠超出我們現下可理解範圍的地方？

其實這並不是什麼新鮮的問題。幾千年來，人類一直不斷在探索夜間歷險的謎團。

3

夢 的 歷 史

如果我們從發明和探險的歷史中學到任何東西的話，
那就是：遲早——而且通常會早一點而不是遲一點——
最大膽的預言也會顯得保守得可笑。
——亞瑟‧克拉克（Arthur C. Clarke），作家、騎士、潛水者

　　薩滿文化相信，夢是開啟我們五感之外其他實境的金鑰；此外，
有許多不可思議的世界和現行的世界平行或重疊。對他們而言，夢連
接著這些更高層次的世界，是連接靈魂的橋梁，也是前往「神靈」領
域之道[1]。世界上有許多原住民文化都相信「夢時空」（Dreamtime）
的概念：「夢時空」是完全獨立存在的一個時空，讓個人直接接觸到
神聖知識的共同空間；在此也可和亡者溝通，並向已脫離塵世而昇華[2]

的性靈大師求教。

在許多原始部落的文化中，如北美印第安的易洛魁部落（Iroquois），無法和自我夢境接觸者，就無法和自己的靈魂接觸[3]。夢不只重要，而且攸關性命。如果失去和夢的連結，會被視為靈魂和情感方面的殘廢者。媽啊，好慘！

如果上述這些說法和你學過關於做夢的一切迥然相異，沒關係，有我們陪著你。要理解這些古人在講些什麼真的不是一件容易的事。另外的世界？在夢裡遇到其他人？你是怎麼回事，嗑藥嗑到昏頭了嗎？這些想法對現下的我們來說非常瘋狂。

為了瞭解這些古人打哪來，不管夢到底是什麼，首先我們必須假裝夢很重要。有了開放的態度，我們很快來看一下過往的文化都是怎麼看待做夢這件事。雖然接下來你將讀到許多不同的觀點，但大多數的文化都會同意一件事：夢絕非毫無意義。

蘇美人

人類最早關於做夢的證據可以追溯到西元前三一〇〇年時美索不達米亞平原的肥沃月彎。透過傳奇的吉爾伽美什（Gilgamesh）被記錄下來的故事，我們讀到這位國王不斷夢到他的女神母親：寧松（Ninsun）；當時夢被當作預言，且被用來引導國王在清醒世界中的決策[4]。從這些故事可以清楚看出，至少在過去五千年來，夢在歷史上扮演了相當關鍵的角色。

古埃及人

最早關於一整個做夢社會的文字記錄，可見於古埃及人。這些人相信夢和靈魂世界直接相連。埃及人顯然練習了一套做清醒夢的方式，並

且很可能熟稔一些夢技，例如：改變外形和時空旅行。但我們怎麼知道他們是清醒夢的做夢者？一項清楚的證據來自他們對「Ba」（即「靈魂」）的信仰，他們相信當人體入睡時，Ba 可以在人體外有意識地來去[5]。甚至他們語言中用來代表夢的字「rswt」（念作「resut」），翻譯過來的意思就是「清醒中」或「將要清醒」，在象形文字中是以一個「睜開的眼睛」符號來代表。學者認為，睜開的眼睛可能也代表意識到真理、箴言，或是接收到日常清醒生活中經常缺少的頓悟[6]。

埃及人對夢是如此地癡迷，他們建造了專門用來行孵夢儀式的宮殿；所謂的孵夢，就是透過睡眠來接受聖療和天啟的方法。他們相信夢中世界是更深一層的現實，是真正的轉變發生之處。當時解夢者被稱為「神祕大師」[7]。不妨想像一下名片上印著這樣的頭銜是什麼感覺。

古希臘人

古希臘人也將夢境視為靈性上的修行，是連接天神的管道。一開始，只有宙斯可以授予聖夢，但隨著時間流逝，其他眾神也可以託夢。有兩位神祇特別掌管夢的領域——西普諾斯（Hypnos）掌管睡眠，他的兒子莫斐斯（Morpheus）則統治夢境[8]。希臘人建造了三百座以上的夢殿，散布在地中海沿岸。這些寺廟大量從事夢境治療，也就是病患來到寺裡，透過夜晚夢境的幫助，求取身體、情緒和靈魂上的治療[9]。

比佛洛伊德更早兩千年，柏拉圖就已提出「夢境表達的是人們壓抑的欲望」[10]此一觀點。在其著作《理想國》（The Republic）中，柏拉圖寫道：「在我們所有人的體內，甚至最尊貴的人們也一樣，都有著無法無天的狂野本性，這樣的野性會在睡眠時探出頭來。」[11]然而亞里斯多德卻不作此想，他雖然對於人類在睡夢中閉著雙眼仍看得見顏色、光線和影像的能力驚異不已，他的結論卻是：夢沒有任何功用和

目的。你說夢可以預知未來？不過是巧合罷了 [12]。

西元前二世紀，古希臘占卜家和解夢者阿特米多魯斯（Artemidorus）寫下五大冊的《解夢書》（Oneirocritica）。「鱷魚代表海盜、殺人犯或窮凶極惡之人。」他在書中這樣寫道：「鱷魚在夢中如何對待做夢者，決定了鱷魚所代表之人在現實中對待做夢者的方式。貓代表通姦者，因為貓是偷鳥賊。鳥則代表女人。」[13]《解夢書》提供的並非泛泛的解夢系統，它是第一部將做夢者個人背景放進夢境解釋的著作 [14]。

羅馬人

正如羅馬文化在許多層面都沿襲自古希臘和埃及，他們在夢境相關的信仰上也是如此。羅馬人也有孵夢儀式、夢殿等所有相關習俗，甚至也研讀《解夢書》。可遠溯至西元前五百年的希臘哲學學派畢達哥拉斯主義（Pythagoreanism），也在羅馬人手中復興 [15]。

畢達哥拉斯主義這套形上學思想系統奠基於數學，但是和高中程度的幾何一點關係也沒有。該主義聲稱「有意識的靈魂旅行」是可能的，而且相隔數世紀出生的靈魂導師（guru）可以透過這些神祕的管道互相溝通。然而，隨著愈來愈多羅馬人改信基督教，夢境解析的重點轉為必須透過《聖經》的觀點解釋，夢殿文化也幾乎消失殆盡 [16]。

印度人

根據印度神話，現實世界中發生在我們周遭的事情，其實都是毗濕奴神（Vishnu）的夢境；甚至於我們本身也只是毗濕奴夢中角色的化身而已。據說，當毗濕奴的夢境結束，這個世界也將終結 [17]。「做夢讓我們一窺創造之神的究竟，祂藉由做夢賦予我們存在的形體。」[18] 印度人相信，比起清醒狀態，人在做夢時的意識層次更高 [19]。

藏人

西藏僧侶會進行夢瑜伽的哲學儀式，這種儀式至少可以追溯至一千年前。當古代埃及人和希臘人知曉夢的力量時，這些瑜伽修行者已經是做清醒夢的先鋒——對於他們當時打下的基礎，我們再怎麼表達謝意也不夠。他們詳述在夢中清醒及訓練意識的特別技巧，但把戲可不僅止於做清醒夢而已。一旦在做夢狀態恢復意識，瑜伽修行者必須做一些特定的功課，好讓修行提升到更高的層次。這些挑戰包括探索不同的「世界」、和有智慧的夢中生命體交談、變形成為其他動物[20]等。對於做夢的瑜伽修行者來說，最終目標是要認知到一項事實：亦即「所有生命都只是一場夢」。[21] 而「理解夢境」的意思是：你要達到完全的意識覺知。他們認為，如果修行者可以在夢中達到真正、絕對的意識覺醒，那麼夢就能融合為一整個更大、無我狀態的至福極樂。**啊，純粹的無有**。一旦瑜伽修行者進入這種無有，就可以觀察到絕對純粹的意識覺知狀態。

中國人

中國人對夢境的記錄最早可以追溯至四千多年前。和同時期其他文明一樣，中國人對夢的想法也和其他概念交織混合：即亡者和靈的領域。他們把靈魂分成兩個部分：「魄」（物質的靈魂）和「魂」（靈性的靈魂）。一到夜晚，當人的肉體休息時，靈性的靈魂就會從身體逸出。魂可以自由造訪亡者之地，或是和其他做夢者的靈魂交流（但要注意的是，在靈魂尚未回到肉體之前，千萬不可喚醒睡眠之人，因為中國人相信，如果突然將人喚醒，其靈魂可能迷途未返，這樣的結果可沒人願意承受）。

希伯來人

關於希伯來文明，如果挖掘得愈深，就愈能找到關於做夢文化的線索。猶太教法典《塔木德》（Talmud）寫於西元二世紀到五世紀之間，指導人們如何將猶太教律「妥拉」（Torah，摩西五經）應用到日常生活中，其中有超過兩百條和夢有關，甚至有某種解夢辭典，讓讀者分析夢境、惡夢及看到的異象。法典中提到：「未被理解的夢就好像未被開啟的信件。」[22] 做夢被認為是接收神明天啟的直接方式。

原住民部落

對於這些「大地子民」來說，萬物都有靈魂，當我們進入夢鄉之際，就能觸及這個靈魂之域。做夢也是一種社交性很高的活動。這些原住民文化認為做夢時，人就進入一個共同的領域，不受空間或時間限制。我們在夢中可以有訪客，也可以拜訪他人的夢境。對澳洲和印第安易洛魁部落的原住民來說，他們一天的開始並不是大口吞下一杯濃咖啡，而是和他人分享前一晚的夢境。夢不僅可作為個人的指引，對整個社

群也具有指引的意義 23；因此夢喻經常用於狩獵、醫療和戰爭中。

歐洲中世紀

歐洲中世紀會被稱為「黑暗時代」（Dark Ages），不是隨便說說而已。當基督教獨斷專制的教義橫掃整個歐洲，夢境便不再重要。雖然這個時期，夢的遭遇非常不幸，但還是要注意基督教教義中不乏提到夢境的段落。若深入挖掘，會找到許多關於神聖夢境的故事及衍生的解釋。光是《聖經》中就記載了數百個夢境。隨著基督教日漸擴散四傳，夢境被看成邪惡且充滿原罪 24。宗教改革發起人馬丁·路德（Martin Luther）大力宣揚夢境為惡魔所造，聖喻只能透過教會接收而得。金口聖若望（St. John Chrysostom）則聲稱夢境都不實際 25。拜託，老兄，真的假的？

當代

黑暗時代以降，夢基本上被掃到桌子底下無人聞問。人類學家雷蒙·L·M·李（Raymond L. M. Lee）特別強調，即使在文藝復興之後，「夢還是被當作心理困擾或是消化不良的次要附屬品，也沒有任何實際的價值。」26 直到十九世紀、二十世紀之交，我們的好友佛洛伊德博士才將夢境從黑暗中解放出來。透過解析病人的夢境，他試圖解開他們的「無意識」，從此開啟了全新的心理學領域。

此後，夢境先前蒙上的煙塵不僅被一一揮落，人們也開始用嶄新的觀點看待夢境——夢是世俗的共同體驗 27。

佛洛伊德有些想法後來面臨他自己學生的挑戰，其中一位想法極端、自命不凡的學生名為榮格（Carl Jung）。榮格博士相信夢不只和過去有關，也和當下有關。他覺得夢境顯示的是我們努力想得到之物，

以及阻礙我們道路之物。

　　榮格並未完全揚棄老師的想法。他接受佛洛伊德基本的架構以及關於夢境理論的語彙，此外他也採用聯想法（associations）來詮釋夢境。而榮格不只觀察病人，也是一位熱切的做夢者。若你研讀他的學術論文，會找到一些非常令人吃驚的主題：通靈能力、集體做夢，還有心靈感應。他相信人們在集體無意識（collective unconscious，一個共享的空間）裡做夢，他還創造了**原型**（archetype）和**共時性**（synchronicity）等名詞。由於榮格的啟發，許多現代的夢境探險者能夠跳出既有的框架來思考，將古人被埋葬許久的想法重新挖掘出來。

動動腦

你覺得呢？夢是否是一種非常私密、獨立的經驗，只會出現在每個人個別的心靈之中？還是說，夢可以在一個共享的集體空間中發生？如前文所述，許多文化都相信後者的說法為真。

誰說得對？

　　相較於當代人，我們的老祖宗和夢有著完全不同的關係。夢是清醒世界的延伸，是和「真實生活」一樣重要的實境。我們大多數人從小就被制約，把這些內在世界的景象都當成「不過是場夢」[28]。你不需要相信方才讀過的任何說法，但是我們建議你試著考慮一下這些說法

為真的可能性，不管聽起來有多麼不可思議。

在寫這本書、對此主題進行一些研究調查之前，我們以為自己已經知道夢是什麼。現在，古人的一些想法聽來其實沒那麼瘋狂。

那麼讓我們幫自己一個忙，從頭開始。想像一個巨大的黑板，上面填滿所有你知道或你認為有關夢的事情，寫滿密密麻麻的字詞和圖表，各種想法層層疊疊擠在一起。現在，拿起一塊板擦，浸到水裡，在黑板上來回擦拭。把黑板上所有的東西都擦掉。很好。想要學習怎麼做夢，你唯一需要的就是開放的心胸。

正如我們母親教導的，聽來的不要信，親眼所見也只能信一半。不要把我們說的、古人說的，甚至當代心理學所說的一切當作不可違背的教條。反之，應該透過自己的經驗，去探索夢到底是什麼。

以下的章節將會提供你做清醒夢所需的實際指導。我們會先從一些基本步驟開始，讓你和自己夜間的旅程重新連結。往後你做的夢再也不會虛無飄渺、如墜五里霧中。慢慢上軌道之後，你會注意到你的夢境擁有強大而鮮明的特質，你對夢境的記憶也會變得更加完整。

第 二 部

打包行李

Packing Your Bags

從最初踏上前往夢境世界的旅程，學習在夢中清醒、恢復意識，整個過程並不容易。關於這個主題，我們找到數不清的書籍和網站，每一種都提供一連串冗長瑣碎的技巧。我們覺得這些訊息來源並不平易近人；其中許多說法在用語和重點上都太學術性了。而其他不那麼密密麻麻、也比較不複雜的說法，似乎缺少一條直接的道路——它們通常提供非常多不同的選項，讓你實驗看看到底哪個有用。我們發現，照做的話會迷失在叢林裡，這裡試試、那裡試試。最後，我們的確學會如何做清醒夢，一路下來也發現非常棒的技巧，但是回顧這段過程，我們發現這條路不一定要弄得這麼複雜。

作為你的嚮導，我們不想讓你經歷同樣費力的過程。我們決定歸納整理所有的技巧，只呈現菁華的部分。在我們冒險前進之時，會提供你一只裝備精良的工具箱，裡頭裝滿做清醒夢的基本要件，這件事很重要。除了你必須知道的事情之外，我們不會告訴你更多（但也絕不會少說）。

如果你和大多數人一樣，和夢境失去了聯繫；本章節中，你會學到如何和夢境重新連結。你會學到做清醒夢最有效的技巧。在本章結束前，你就會準備好跳進自己的潛意識開始探險。慢慢來。要熟悉做清醒夢，首先必須記得你的夢境，學習立意良善這門藝術，並建立一種健康、對現實的懷疑態度。

這就像學習怎麼駕駛一艘船一樣。在成為專業船長之前，必須學習如何掌舵、如何借助風力、翻船時該如何應變。熟悉駕船技術，就能駕馭海洋。現在就往夢境啟航吧！

4
快 速 動 眼 期

大腦的功能運作在睡眠時構築出一個完全客觀存在的世界，
我們可以感覺到這個世界，甚至可以觸摸到它；
這樣的一個世界必定有很大一部分投射自我們清醒時身處的客觀世界。
這兩個世界雖然本質相異，但都是從同一個模子刻出來的。
——叔本華（Arthur Schopenhauer），持悲觀主義的德國哲學家

　　你正要趕搭一列駛往遠方的火車。你在車站內奔過一扇扇大門，
舉起手腕查看時間，但是當火車的汽笛聲響起，你知道自己只剩下一
分鐘的餘裕。你的心臟怦怦跳，如果雙腳跑得不夠快、無法即時趕到
月台上，火車將拋下你轟隆隆往前駛去。時間之窗正在快速關閉中。

　　你現在看到那列火車了，車頂冒著濃濃白煙。「所有乘客請上
車！」你還來不及喘氣，便往空中一躍。

「下一站，夢境！」

平安上了車，你找到自己的位置坐下。火車行駛時車輪發出的規律頃鏘聲讓你的身體放鬆下來，雖然你不太確定自己正前往何處，但是你對此行的興奮心情未曾稍減。

我們已經探討過夢境為何，但是夢境到底發生在什麼時候？現在請在你先前擦乾淨的空白黑板上，寫下三個英文字母：R-E-M。這是一九九○年代美國流行樂界的搖滾天團？不不，我們說的是夢境發生時的睡眠階段。這三個簡單的英文單字對清醒夢做夢者來說，再重要不過了。以下會告訴你為什麼。

我們先回到一九五○年代初期，阿瑟林斯基（Eugene Aserinsky）當時一窮二白，努力想要養家活口。他從沒拿到大學文憑，卻設法讓芝加哥大學許他入學成為研究生。他在學校某棟大樓的地下室找到一台陳舊的 EEG 腦波測量器，他把上頭的灰塵撢掉，把電極接到兒子阿蒙（Armond）的頭皮上，開始研究阿蒙的睡眠模式[1]。這位試圖成為科學家的年輕人記錄下一些奇怪的數據。在夜晚的某些時段，阿蒙沉睡中的大腦腦波會忽然跳躍位移，好像大腦完全處於清醒狀態一樣[2]。

阿瑟林斯基當時對這個反常現象有一個很好的解釋，那就是：機器壞掉了。「如果我天生性格中有自殺的傾向，那麼那時候我一定會自我了結。」阿瑟林斯基日後回憶時這樣說道：「我當時已婚，有個小孩，在大學裡待了十二年之久，卻沒有任何學位可供證明。我花了

好幾年搞這個主題，我當時覺得自己完蛋了。」[3]

在增加其他受試者、經過更多次的研究之後，阿瑟林斯基發現這個異常現象似乎相當穩定明確，於是他邀請另一位經驗豐富的睡眠科學專家克萊特曼（Nathaniel Kleitman）加入研究。兩人注意到，一般人在這段特殊的睡眠時段中，心跳和呼吸會加快，血壓也會升高。他們發覺，一晚大約有四到五次，受試者的腦波會突然大幅位移到一個非常活躍且「清醒」的狀態，就好像廣播突然改變調頻一樣。同時，受試者的眼球會在緊閉的眼皮下快速地來回轉動。

這些實驗結果歸結出做夢這個領域的科學研究至今最大的斬獲。不管先前的一般想法為何，兩人證明了做夢並不等同於睡眠——做夢的行為只會發生在睡眠**期間**的特定時段[4]。

當他們必須為這項發現命名時，這兩人做了任何自重的科學家都會做的事，為此現象起了一個超級無聊的名字：「快速動眼睡眠」（Rapid Eye Movement sleep，簡稱 REM）。話雖如此，這個有著乏味名字的發現還是影響深遠。對有心人來說，清醒世界和夢境世界之間的橋梁終於連接起來，科學發現了我們做夢的**時刻**。

一個腦袋，兩個世界

做夢時的大腦和清醒時的大腦，兩者間的相似度遠比我們以為的來得高[5]。紐約大學的李納斯（Llinás）教授和帕瑞（Paré）兩位教授主張，REM 睡眠期的大腦和清醒時基本上處於相似的狀態。唯一的差別在於是否有外界的感官刺激進入。白天時，我們的經驗透過接收外在世界的感官訊息來塑造，但是做夢時，注意力轉而向內。此時我們的想法和記憶變成創造夢中體驗的主要執行者[6]。

REM 和睡眠階段

　　雖然我們不確定自己為什麼會做夢，但是我們確實知道一些關於睡眠本質的科學事實。整個夜晚，我們會在兩個主要的睡眠階段之間循環：非 REM 睡眠和 REM 睡眠。非 REM 睡眠（也稱作「慢波睡眠」〔slow wave sleep〕），此階段的特徵就是腦波很緩慢。想像一下乘坐雲霄飛車的感覺——不同睡眠階段的起起落落，就像搭雲霄飛車緩緩爬升之後再往下俯衝的驚險之旅。

　　剛入睡的最初幾個小時，REM 期（做夢期）比較短，最多只有五到十分鐘。大多數的睡眠發生在非 REM 睡眠期。然而，隨著夜色加深，REM 睡眠的時間也會增加。到了天將破曉，其他睡眠階段都會消失，然後根據先前睡眠時間的多寡，最後兩個 REM 睡眠期可能各自長達五十分鐘！以下是典型的夜間睡眠階段：

第一階段：當你躺平在床上，感覺到身體開始放鬆打盹，你已經進入第一個睡眠階段。這個階段是連接清醒時的自我和夢境裡的自我的橋梁。在這段轉換過程中，你可能會體驗到影像、光線或其他感官刺激，這些現象稱為「睡前意象」（hypnagogic imagery）。這個階段可能會發生「臨睡肌躍症」（hypnic jerk），也就是真正沉睡前不規律的踢腳和抽搐，這是一種自然的痙攣現象，你家的愛犬或枕邊人都非常清楚。這個階段就是所謂的「暮光」（twilight，此處和吸血鬼沒關係，比較像羅德・瑟林〔Rod Serling〕的知名影集《陰陽魔界》〔*Twilight Zone*〕）。

第二階段：這個階段是身體的預備階段。此時你已入睡，但還沒睡沉。在此階段尾聲、準備進入深度睡眠時，你的心跳和核心體溫開始降低。

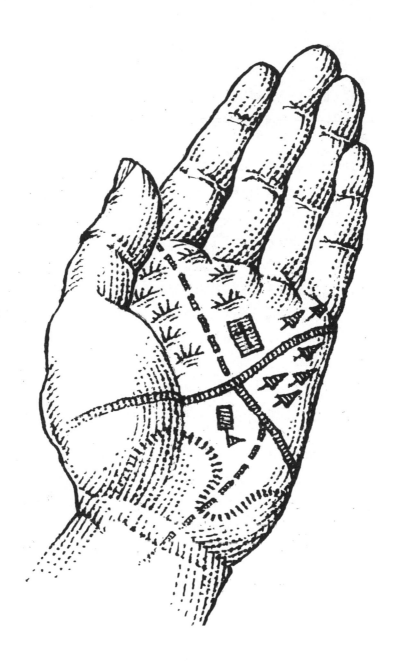

一切開始慢……下……來……，但朋友別急，此時還未做夢。

第三階段：歡迎來到修復模式，此刻你陷入深度睡眠。就好像電腦重開機，這個階段，身體也在重建肌肉和骨骼，修復器官和組織，增強免疫系統[7]。

接著我們再度升高，往清醒狀態爬升，遠離深度睡眠。就好像搭雲霄飛車一樣，爬回第二階段……然後爬到第一階段……再回到……

REM 階段：終於！好玩的來了！你的大腦充滿各種活動，就像快醒過來一樣，但是雲霄飛車暫停在最高處，接著你就進入最甜美之地——夢境。事實上，此時大腦的活動和清醒時是如此相似，如果科學家只監測腦波，很難分辨這時你到底是醒著還是在做夢。你正踏進對清醒夢做夢者最重要的階段——也就是夢境[8]。

所有乘客請上車！

如果不知道火車什麼時候發車，很難搭得上車。但如果你知道發車時間，要在火車駛離月台前跳上車就非常容易。同樣地，知道 REM 睡眠何時發生，非常重要，因為人在這段睡眠期會做最多的夢。對做清醒夢的人來說，這個訊息寶貴如金。如果知道什麼時候會做夢，就可以把所有做清醒夢的能量集中在一個目標，增加成功機率。特意抓住最後的 REM 睡眠，是引發清醒夢最好的方法之一，以下章節，我們會進一步細說。這最後的五十分鐘睡眠週期，那些清晨時分做的夢境，就是這趟旅程的啟始之處。

重點整理

夢境主要發生在快速動眼期（REM）。

- 當我們進入 REM 睡眠，腦波和清醒時非常相似。
- 此時在我們的現實世界中沒有任何外在刺激，我們轉而向內，用想法和記憶來創造經驗。
- 知道快速動眼期何時發生會是引發清醒夢最有效的方法之一。

意 念 的 力 量

向外望者，夢也；向內望者，醒也。
——榮格，
分析心理學創始者、
貨真價實的現代薩滿

　　有些人天生具備做清醒夢的能力。對這些人來說，在夢中意識到自己正在做夢，是從小就司空見慣的事，長大後、終其一生也都如此。但對其他無此天賦的人來說，做清醒夢的能力必須透過學習而得。

　　開始教導人們如何做清醒夢之後，我們對一個不斷發生的現象感到驚訝：通常人們在知道清醒夢實際存在後，很快就做了生平第一個清醒夢，好像他們一旦知道要尋求此道，路途便輕易浮現。

這一切都有其道理，不是嗎？一九五〇年代初，一英里徑賽的世界紀錄始終無人打破四分鐘的關卡，四分鐘出頭的紀錄維持了超過十年之久，因此一般人覺得人類不可能跑得再快了。但是一九五四年五月一個颶風的日子，一位名叫羅傑‧班尼斯特（Roger Bannister）的英國選手以三分五十九秒四的成績打破了這個四分鐘魔咒。六週後，另一位澳洲選手約翰‧藍迪（John Landy）隨即以三分五十八秒的成績打破班尼斯特的紀錄[1]。之後，就在同年夏天，班尼斯特和藍迪兩人一齊參加一場戲劇性的一英里競賽。班尼斯特最後以些微的差距獲勝，奪回紀錄保持人的寶座。時至今日，我們仍不斷將人類能力所及的界線往前推進：如今的一英里世界紀錄是摩洛哥籍選手希查姆‧艾爾‧奎羅伊（Hicham El Guerrouj）於一九九九年在羅馬創下的三分四十三秒[2]！

在濃密的叢林中要披荊斬棘、向前邁進非常辛苦，一旦有人砍出一條小徑，後面的追隨者就輕鬆許多。達到目標之前，你必須知道目標為何，以及達到此目標是可能的。你必須運用意念（intention）。

做清醒夢也是一樣的道理。只要在睡前立志在夢中醒來，整件事就會變得容易許多。關鍵在於建立起強大的欲望。

這本指南將教你做清醒夢所需的工具，但是任何工具都比不上想做清醒夢的熱切欲望。不管你是想記住夢境、孵育一個特定的夢境、引發夢中清醒的狀態，或是熟練其他技巧，你的意念都是箇中關鍵，這是做清醒夢的根基。

那麼，意念是什麼？

　　所謂意念，就是目的、目標，針對特定行動的定向思維。我們清醒時無時不刻都在起心動念：要吃得健康一點、身材要變得健美、要減少工作、增加玩樂、學習一種新語言等。在生活中（或是夢境中）缺乏意念志向，有時會毫無頭緒、方向頓失地四處遊蕩，對於自己到底想要什麼也會變得很模糊、不明確。你想想，當我們面對職業生涯或個人生活，有多少人深陷其中掙扎？當我們清楚自己要的東西是什麼，踏出困境、設法取得想要之物就容易多了。

　　別擔心，我們不會要你草草寫下所有的人生志向。很幸運的是，你對自己想要之物已經非常清楚：在夢中保持意識清醒。這點清楚之後，我們來看看設定意念最有效的方法。

思想的力量

　　你聽過運動員會在腦海中模擬預演比賽，而且這是訓練中非常重要的一部分嗎？說起來，這可能並非迷信；科學研究發現一些很有趣的現象，證明人類心智的影響力可以凌駕外在環境。

　　有一項實驗是這麼進行的：滑雪選手被貼上電極，連接肌電圖測量儀器（Electromyograph，簡稱 EMG），這種儀器可藉由測量皮膚電位的變化，來推測肌肉收縮的情形[3]。滑雪選手在腦中模擬演練自己滑雪的過程，然後用心眼觀想自己在斜坡上滑行的過程。研究者發現，在腦中模擬的過程中，選手肌肉發出的電波和實際滑雪時是一樣的。

「不管滑雪選手單純用想的，或是實際執行某一項特定的肢體動作，大腦對身體發出的訊息指示都一樣。」琳恩・麥塔格特（Lynne McTaggart）在《念力的祕密》（*The Intention Experiment*）一書中寫道：「思想產出的心智指令和行動一樣。」[4] 換句話說，他們的腦袋並不會區分接收的是某個想法發出的指令，還是真實生活發生的事件[5]。

　　克利夫蘭臨床基金會（Cleveland Clinic Foundation）的岳光（Guang Yue，譯音）是一位運動心理學家，他對思想的力量非常感興趣。你如果是個沙發馬鈴薯，注意聽好了：岳光發現，僅僅在腦海裡用想的做虛擬運動，也可以顯著增加肌力強度[6]。沒錯，你沒看錯！他設了一組控制組，受試者上健身房鍛鍊二頭肌，而實驗組只用想像來虛擬鍛鍊二頭肌。光是透過意念，在腦中想像健身過程的實驗組平均增加了十三・五％的肌肉強度，健身房的控制組則增加了三〇％的肌肉強度。所以你可以把從沒用過的健身中心會員卡扔了，專心鍛鍊意念吧。

　　我們不需要科學實驗來告訴自己思想的力量有多大，我們日常的生活已經被腦袋裡的各種意念支配。即使是生活中一個小小的目標，例如烤蛋糕，都起於心中一個特定的意念。你首先會想像自己將用到的配方材料、烘焙過程中不同的步驟，以及蛋糕烤好後會有多麼美味。

　　更遠大的目標，例如創業，則需要更多的熱情和具體行動；但是這整個過程仍起於一個意念，一個想得到所欲之物的強烈欲望。

　　對我們這些清醒夢做夢者來說，清楚、熱情且明確的想法不僅證實在探索夢境時是必要之物，也是在夢中清醒的必要條件。

年輕的心智

我們已經知道許多關於清醒夢做夢者的事，許多做夢者都有類似的特質：非常有自信，且通常具有玩心。許多小孩和青少年都是天賦異稟的做夢者，因為在他們的年紀，他們不覺得自己有極限，不會讓現實僵化「變硬」。我們可以從這些年輕人身上學到一些東西：集中注意力在創造和想像上，而非一味懷疑自己的能力。如果我們凡事都當成一場遊戲，就沒什麼大不了了。

如何設定意念

如果你想要某樣東西的的念頭夠強，就可以得到它。
想要的念頭必須強大豐沛到從內裡滿出來、衝破皮肉，
和創造這世界的能量合而為一。
——雪拉・格拉姆（Sheila Graham），
好萊塢「黃金時期」的八卦專欄作家，
從未忘懷對作家費茲傑羅的愛

強烈的意念充滿了熱情，鑽研夢境的作家羅柏・摩斯則稱之為「精力湯」（juice）。它應該充滿電力，滿載興奮之情。意念是你胃中的小鳥，每一撲翅都更加搧動內在的火焰。先暫停一會兒，來理解做清醒夢的深刻本質。想像一下，如果能夠在夢中「醒來」會是多麼神奇，埋首內在宇宙中，四處走走逛逛、探索新事物。

帶著完整的自我投射和意識自由，你可以做任何你想做的事。開

始興奮了嗎？請按以下步驟訂定一個有效的意念——但是請記住，意念不是數學算式，而是真心誠意的欲望。

1. **遣詞用字是關鍵。**若要達到最大效果，意念應該非常明確。創造簡短有力的敘述，重點放在你的欲望上。這項作法一般稱為（自我）「肯定」（affirmations）。你的（自我）肯定必須清楚而直接。舉例來說，如果你說：「哪天我也想來學學鋼琴。」那麼，可能某年某月某一天你會如願吧。更明確版本是這樣的：「星期二我要開始上鋼琴課，到六月之前要學會彈奏音階。」請試著用現在式來描述你的意念，好像這件事已經發生了。再舉一例，上床前對自己說：「我在夢中清醒且意識清楚。」用現在式來思考可以排除任何疑慮，避免擔憂成真。

2. **感覺它，看清它。**《哈利波特》的死忠粉絲都知道關於咒語的這項教訓：除非真正感受字眼本身，不然毫無意義。「我今晚做夢時就會在夢中清醒過來。」當你說出意念，請同時在腦中描繪欲望成真——也就是想像你身處夢中並理解到這是一個夢境。你可以試著回想一個做過的夢，假裝你重回到這個夢境，這可能有所幫助。觀想包圍你的內在世界，感受一下各種感官刺激，以及那個讓你叫出「啊哈！」的時刻：我在夢中清醒了！

   你要同時開啟五感——想像你正在呼吸夢中的空氣、飛翔、四處張望。想像的景象愈清晰，效果愈好。小時候，我們都會玩「假裝」的遊戲。你大概想像過自己和惡龍大戰。藉由看到惡龍、感受大戰的刺激，容許自己陷入情境之中，這一切變得再真實不過。

3. **期待**。進階的清醒夢做夢者不會在入睡前被動地希望清醒夢自動發生。相反地，他會期待自己當晚在夢中醒來。你每晚都會睡覺，並做上大約兩小時的夢。你可以把這段時間再乘上每一天、每個星期，忽然之間你會發現，自己手上有好多時間可以練習。

4. **把它變成腦中最重要的想法**。本書從頭到尾，你會常常看到我們邀請你在上床睡覺前運用意念。讓這些想法、感覺和（自我）肯定成為入睡前腦海中最後想的事，這一點很重要。如果發現自己在想別的事，只需快點讓那些雜念消失，輕輕地把心帶回集中的意念上。「我在夢中意識清醒。」你要心無旁騖，集中在這個意念上，直到睡意席捲而來。這樣一來，欲望就會被帶進夢中世界，造成期待的效果。

心存感激

如果某件事從來沒發生過，我們要怎麼期待它發生？只有一句話：心存感激。在某事發生前，就心存感激，這是一股非常強大且有創造力的力量，並非什麼神祕的怪誕咒語。如果事先感謝某事，它在你心裡就已經發生了，並且排除對未知的所有壓力和恐懼。當你現在觀想自己身處夢境之中，想像自己在眼前的夢中世界四處參觀。在實際體驗清醒夢之前，就先感謝它，甚至可以大聲說出來：「謝謝你。」讓雞皮疙瘩從脊椎一路往下延伸，啊，感覺真好。

我抓到一尾大魚!

　　歸根究柢,所謂有效的意念就是把未來的目標更拉近當下,就好像釣客釣到魚之後慢慢收線,把魚從水中拉向船隻。意念愈好,你和目標之間的距離就愈小,目標也會愈真實明確。想做清醒夢,只需帶著「我要發覺我在做夢」的這股信心、期待和意念上床睡覺就可以了。

　　你每晚都做夢,但自己身處夢境之中卻渾然不覺。現在開始在夢境中尋找自覺。如果找到了,你可能會很驚訝!

　　這是最大的邏輯弔詭之一:你在尋找之物正是找到此物的重要關鍵。請花點時間咀嚼一下這句話。

重點整理

- 許多人一聽説或讀到清醒夢,就做了生平第一個清醒夢。
- 人的心智並無法分辨想法和行動的差別。因此做清醒夢之前,在腦海模擬預演是很重要的。
- 想像你看到自己身處夢中,感受認出這是夢境的興奮。
- 在真正做清醒夢之前,先對此懷抱感激之情。
- 當你設定好意念,用簡單的語句描述之,例如:「我在夢中清醒且意識清楚。」
- 培養想做清醒夢的強烈欲望,並且讓這個欲望成為入睡前腦中最重要的想法。

6

記住你的夢境

先生們，讓我們學著做夢，這樣一來我們或許就能發現真理。
──F‧A‧克伊勒（F. A. Keule），德國化學家，
在夢中發現的事物比大多數人清醒時都來得多

鬧鐘將你吵醒，你掙扎著想把鬧鐘按掉。是貪睡裝置在響嗎？等一下，還是電話在響？誰這麼早打電話來？你跟蹌下了床，進到浴室，腦中還殘留方才的夢境，卻幾乎無法捕捉到半絲片縷。我剛才夢到什麼了？記憶快速褪去，當你開始思考一天的行程、肩上的責任、必須遵守的義務……等，夢境更是消失殆盡。你試著抓住一小片夢痕、一道影像，或記憶中殘存的蛛絲馬跡，但徒勞無功。

遺憾的是，我們許多夜間的冒險都像這樣憑空消失，像沉船一樣

沒入深水之中，再也無法打撈起來、重見天日。如果你從來不記得或是鮮少記得夢境，也不用煩惱。你沒有任何問題，做夢的能力也沒有問題。我們可以向你保證：你是一個既健康又美好的正常人，每晚都做許多夢。你的船帆完好沒有破損，只需找到控制的繩索，調整船帆好迎向風。

換句話說，你只需記得你做過的夢。

這話聽來簡單，但是記住你的夢和做清醒夢可是息息相關。如果連夢都記不住，怎能期待在夢中恢復意識？想像一條寬廣的河流，你的夢境在河的一岸，而你的日常生活在另一岸。藉由記住夢境，你搭起一道通往夢中世界的橋梁，跨過這巨大的分界，帶回記憶和經驗。少了這個連結，你只能獨自留在泥濘的河岸。在成功做清醒夢之前，必須和夢境建立起實質的關係。搭起這座橋，加強對夢境的回憶，是做清醒夢的第一步。

光是想到那些我們做過卻從不記得的夢境，就令人眼眶泛淚；就像得了失憶症一樣，多年的生活轉眼成空。想想那些因為記不得夢境而損失的智慧和指引（小提琴音樂進場）。

雖然夢有著曇花一現的本質，具備一些簡單的策略和正確的心態，就能讓你輕而易舉記住夢境。

你是做夢者

任何人……只要特別留意自己的夢一段時間，都會比平常做更多的夢——
這當然意味著他能更輕鬆、更頻繁地記得自己的夢境。
——佛洛伊德，心理學家、夢境探索先鋒、希臘文學愛好者

對許多人來說，要記得夢境似乎是不可能的事。我們先前聽過無數人這麼說：「我不做夢。」「我睡得很淺。」或是「我就是不像其他人會做那麼多夢。」這類陳述是把雙面刃。還記得我們的言語和信念具有多大的力量嗎？由於你告訴自己你從不做夢，或是從不記得任何夢境，你事實上創造一個讓這個信念成真的環境。不管你的信念為何，一定得接受生活中一項簡單的事實：每天晚上，你和地球上每一個人都會做夢。現在唯一的問題在於，你是有意識或無意識地在做夢。

夢是真實的經驗

我們常認為夢是睡醒之後一些偶爾想起、破碎、迷濛不清的影像。但正如我們早先所說，這並不是夢本身，而是對夢的記憶。這聽起來可能很瘋狂，但夢是真實的經驗，和清醒世界發生的事件及行動非常相似。在夢中行進穿梭，得到的體驗是非常鮮明而原始的，真實到我們不會想到自己在做夢。要等到清醒之後，對夢境的記憶，也就是事後回想起的殘片，才會變得朦朧不清。

科學支持這個論點。二〇一一年義大利的一項研究，觀察受試者

記憶夢境時的大腦活動，指出：「登錄（encoding）和回憶（recall）情節記憶（episodic memory）的神經生理機制，在不同的意識狀態下可能都一樣。」換成一般人聽得懂的話來說，這表示不管我們記憶的是清醒生活中的事件，還是夢境，大腦活動看起來幾乎都差不多[1]。

展示與討論

厄瓜多境內亞馬遜河流域的阿丘阿爾族（Achuar）印第安人，每天早上都會分享夢境。他們相信夢不屬於個人所有，而是屬於整個社群。舉例來說，如果某人做了關於部落中另一人的惡夢，兩方都有責任一起出面解決夢境可能暗示的任何形式的衝突[2]。和家人朋友分享討論夢境是一種增強夢境回憶的絕佳方式。請像阿丘阿爾人一樣練習分享夢境，創造一個可以和他人討論夢境、獲得回饋的安全環境；也務必記得，當別人與你分享夢境時，要給予支持和鼓勵。這樣一來，你會發現自己的夢境回憶能力有顯著的改善。

入睡

　　要記得夢境並不是什麼高深艱難的火箭研發科學，只需花一點心思努力就辦得到。在你接受並瞭解自己每晚都做夢之後，入睡時試著記住夜間的經歷就很重要了。在睡前立下想要記得夢境的意念，這會產生不可思議的魔力。

設定意念

1. **重複（自我）肯定。**當你入睡時，
   將意念聚焦在一個簡單明瞭的句子。句
   子要短而直接：「我記得我的夢。」在慢
   慢入睡的過程中，不斷重複這個肯定
   句。如果發現自己分心去想別的事情，
   輕輕把注意力拉回來。

2. **觀想它。**在腦中想像自己早上起
   床，記得栩栩如生的夢境，把夢中
   細節都寫在夢境手札裡（參閱第七
   章）。在沉沉睡去之前，看到手札
   頁面充斥許許多多不同的夢境，以
   及夢中鮮明動感的經驗和細節。

3. **感受它。**感覺自己從一個鮮明的夢境中走出來，雙眼睜開後，你的
   心依然怦怦作響，腦袋充滿各種感官刺激。

　　一旦你習慣記憶夢境，就不需要每晚重複這些練習。你會自然而
然地記住愈來愈多的夢境。

健康的睡眠習慣

　　會做清醒夢的人晚上都睡得很好，這點毋庸置疑。以下列出的幾個技巧，不僅可以增進做夢的能力，也有益身體健康。

1. **建立睡前儀式。**做一些會讓你放鬆的事，例如沖個熱水澡或是讀點書。冥想、畫圖、做伸展操、焚香，或是列出明天的待辦事項都可以。你是否也和五〇％的美國人一樣，睡前習慣看電視？是的話，最近一項研究結果對這種行為可不表贊同，該研究的結論指出，睡前看電視是造成睡眠不足的兩大主因之一 [3]。

2. **每晚準時上床。**如果你每天晚上都能在同樣的時間上床睡覺，就能擁有較固定的睡眠週期（sleep cycles）；這對之後引發清醒夢會很有幫助。

3. **床、浴室，以及另一個世界。**你的寢具很重要，而且臥室應該昏暗、舒適且安靜，讓你覺得很安全，是屬於你自己私人的聖殿，要能感受平靜、安詳。

4. **讓阿嬤為你驕傲。**酒精、菸、大麻和咖啡等物品對做夢過程會帶來負面的影響，各有不同的副作用，有的會壓抑 REM 睡眠期，延長深度睡眠的階段 [4]。當然不必徹底改變你的生活方式，但既然這些東西對做夢沒有幫助，準備做清醒夢時，請試著減少攝取這些刺激物。

醒來

我這一生做過一些夢，在醒來之後依然盤旋不去、
永遠陪伴著我，且改變了我的想法；
這些夢在我心裡穿梭來去，就像酒融入水，改變了我內心的色彩。
——艾蜜莉・勃朗特（Emily Brontë），
英國作家，別名艾莉絲・貝爾（Ellis Bell）

我們先前提過，在夢中，萬事萬物發生時都非常真實，一切在我們清醒之後才變得破碎而迷濛。因此，想要清晰回憶夢境，如何醒來是影響最大的因素之一。沒有其他因素——再強調一次：沒有其他因素——比急著起床更會削弱對夢境的記憶。

請按照以下指示好好起床，這樣就能逐漸記住長篇而鮮明的夢境細節。作法如下：

1. **慢慢醒來，避免任何動作**。醒來的時候，先不要動，甚至連睜開眼睛都不要。完全靜止地躺著，維持放鬆的姿勢。避免任何突然的動作。當你從睡眠中返還，給自己一點時間去記憶方才所在的夢境。先不要陷入日常雜務中，反正還有一整天的時間可以忙。把網撒下水面，收網，看你捕獲了什麼。讓心思飄回夢中，回憶任何想得起來的事物，即使是非常細小的殘片也要努力回憶。

2. **蒐集夢境碎片**。如果你無法完整記住夢境（很少人辦得到這點），就從記得起的部分開始。人的記憶通常透過聯想，所以如果能記住

一樣東西，就很可能回想起更多。很快地，記憶會自行擴展，像滾雪球一樣，獲得愈來愈多動力和能量。你可以自問：「我能記得什麼？」然後從那一點開始，往前或是往後聯想追溯。

3. **改變睡姿**。如果回憶夢境仍有困難，試著改變睡姿。你可以先側躺、轉成仰臥，再臉朝下趴著，但是轉換姿勢時動作要放慢。通常當身體回復做夢時的睡姿，回憶起夢境也會比較容易。

4. **檢查情緒**。如果你記不得一段情節，或是無法拼湊出一段劇情，檢查一下自己的情緒會很有用。你現在的情緒為何？你剛才做的夢是個美夢還是惡夢？想知道自己先前做了哪種夢，情緒是最佳指標。如果你記不得任何東西，把當下的感覺及任何閃過心中的想法寫下來。這項練習或可催生更多的夢境記憶。

5. **做記錄**。最後，寫下你的夢境。這個部分非常關鍵，下個章節會專門探討。此事別無蹊徑：如果你想做清醒夢，就必須為你的夜間探險留下記錄。

二〇〇三年，一項由大衛‧華生（David Watson）教授進行的研究，觀察了一百九十三位大學生數月之久，每天都問這些受試者是否記得夢境。以下是華生教授的研究結論：「夢境回憶和開放性尤其相關……分析結果顯示，偏好吸收、想像和幻想的人特別能記得自己的夢境，也較能回報其他鮮明生動的夜間體驗。」[5] 換句話說，如果對自己的夢境抱持開放的態度，它們就會如潮水般湧現。

重點整理

- 你早上醒來記得的夢，只是關於夢的記憶，而非夢境本身。
- 夢是我們每晚都會經歷的真實體驗，但由於貧乏的夢境記憶，我們忘了另一個自己也參與其中的完整人生。
- 想記得夢境，必須把這件事當成第一優先並全神貫注。把夢境當成你想要開始記憶的重要體驗，夢就會如繁花般盛開。
- 練習培養良好的睡眠習慣，例如每晚準時上床，充分休息。
- 在睡前立定意念：「我會記得我的夢。」
- 練習正確的醒來方式：要慢慢醒來，避免任何動作。
- 在試圖做清醒夢之前，每晚至少要記得一個夢，這一點很重要。

7
撰 寫 夢 境 日 誌

看著眼前的千山萬壑，我心中不禁暗喜，因為自己是如此接近迄今被視為遼闊無界的密蘇里州上端；但是當我回神想到這道白雪皚皚的屏障鐵定會對我前往太平洋的旅程造成困難，還會對身處其中的自己形成折磨和艱苦，這某種程度平衡了最初凝視這片山巒時感受到的喜悅。既然我總認為預期惡事的來臨是一種罪過，在不得不改變想法之前，我仍深信這是一條康莊大道。

——梅里韋瑟・路易斯（Meriwether Lewis），
即「路易斯與克拉克探險隊」（Lewis and Clark）的路易斯，
探險家、軍人，擊退過熊

偉大的探險家都會記錄自己的探險經歷，路易斯與克拉克在勘查美國邊疆時都有撰寫日誌的習慣。達爾文也描述了他在小獵犬號（HMS Beagle）上的歷險故事，甚至是《星際爭霸戰》裡的寇克船長（Captain

Kirk）也會按照星曆寫船長日誌。拓荒者的任務就是詳細記載新大陸上的每項細節。他們會記下風景的特色、當地住民的態度，以及不同探險途中的曲折起伏。身為探險家，我們也會這麼做。撰寫夢境日誌並不是叫你寫下晚上睡覺時的朦朧記憶，而是重新描述你在一個迥然相異的世界中經歷的故事。

就像路易斯與克拉克、達爾文和寇克船長，我們即將進入一個嶄新的世界探險。不幸的是，我們無法帶回當地的自然界樣本、T恤或小玻璃杯為證；唯一能獲得的紀念品就是我們的記憶，而記憶是可以用紙筆寫下來的。

加強夢境回憶

專家說，人們起床後五分鐘內通常就會忘記一半以上的夢境內容，起床後十分鐘內則會把九成的夢都忘光[1]。這就是為什麼不僅要寫下夢境，還得一起床就記錄。

有趣的是，寫下夢境也是最有效的回憶夢境方法。藉由記錄夢境，基本上就等於在說：「嘿，潛意識！夢很重要。我正在寫下來，因為我要記得我的夢！」這聽來可能和一般直覺牴觸，但是這種現象非常普遍——光是撰寫夢境日誌，就會自然而然記得更長、更鮮明的夢境。你只需要拿起一支筆。

如何撰寫夢境日誌

如果家裡沒有日誌本，你會想去買一本美觀的日誌來記夢。這本日誌將記錄你內在世界的運作，因此要對它抱持敬意。不要隨便拿一本便條紙來寫，那會讓你記得亂七八糟。

如果你和我們一樣，不時記下夢境，但因為生活忙碌，早上鬧鐘響起時，記錄夢境代表上班或上學會遲到，那麼把這些事件草草記下的意義到底在哪裡？記錄夢境可能看起來既瑣碎又不實際，這種想法卻完全不正確。

就個人而言，要做清醒夢，就必須欣然接受記夢境日誌這件事，不僅可以記得更多夢境，顯現內在世界到底發生了什麼事，最重要的是，夢境日誌可以引發清醒夢，其價值遠遠超出我們為此所花的力氣。如果夢是潛意識傳遞的訊息，那麼它們包含重要的訊息要傳達。若你忽視這些訊息，只能看著夢從生活中完全消失。就像渴求的愛人，它們祈求你的注意力，假使切斷了聯繫，只好沉默以對。

以下技巧可能平淡無奇，但非常重要。

🐝 把日誌擺在床邊

把夢境日誌和筆放在床邊固定的位置，早上就不用進行一場逐漸失憶的尋寶競賽。

🐝 日期和時間

上床睡覺前，寫下當天日期和上床時間。這樣一來，不僅可以記錄你的睡覺模式，在潛意識裡也準備好隔天一早寫一篇新文章。

🐝 寫下關鍵字

不要擔心你得寫一篇小說，寫夢境日誌是拿不到錢的。到了早晨，你可能不想寫下每個細節。請隨意寫下夢中最重要的時刻當作大綱，等晚一點腦袋不昏了再根據這些點來擴充。

🐝 用現在式的語氣書寫

當你用筆展開夢境，請用現在式的語氣書寫，好像當下身處其中。舉例來說：

北極熊正瞪著我的雙眼——牠彎下腰遞給我一個杯子蛋糕。

用現在式來書寫和思考可以將你帶回夢境之中，讓你回憶起更多細節。

🐝 為你的夢境命名

寫下夢境之後，回頭為這個夢命名。找出可以總結這趟旅程菁華的重點，例如「和北極熊舉行午夜點心趴」或「歡樂大遊行」。這個練習在之後可幫助你解釋夢境，日後需要參考舊夢境時，也方便查找。

🐝 註解

在每一篇文章的左上角標註在此夢境中你是否清醒。寫下引發你在夢中清醒的事物、你的清醒夢維持多久、你做了哪些事，以及任何你學到、往後可幫助你探索清醒夢的有用訣竅。

有一天早上我醒來後，發現我寫下一個關鍵字：一個大學時代教授的名字。我很驚訝自己居然夢到他，也好奇他為什麼會出現在我腦海中，因為我已經四年沒有和他聯絡了。三天後，我收到一封email，寄件者是……你沒猜錯，就是那位教授！我把這看作是來自夢境的直接徵兆，要我和他碰面，於是我告訴他數天前發生的巧合。我們約好碰面喝咖啡，他給了我非常多有用的建議——其實就是寫各位正在讀的這本書！如果我那天半夜偷懶沒有把他的名字寫下，就會忘記這個夢，這段經歷也就不會發生。——湯瑪斯·佩索

找出夢境背後的意義

「夢是我們還不知道要提問的問題的解答。」[3] 這句話出自電視影集《X 檔案》裡多疑的 FBI 探員史卡利，但是箇中概念不是什麼神奇的超自然現象。包括佛洛伊德、榮格及其他當代心理學始祖，都強調夢代表某種意義。不管在夢中清醒與否，我們的夢都反映了心靈的內在運作過程，對於認識自我也相當有用。

藉由撰寫夢境日誌，你可以看清關於自己的事，這些事通常在每天清醒後就佚失散落。個人健康方面的問題，早在清醒世界出現症狀之前，就出現在夢中。我們的人際關係也會溜進夢境劇本中，透露我們真正的感受，無論這感受是好是壞。浮出水面的多半是我們必須檢視的舊習、不斷重複的行為模式、對日常生活問題的指引，以及為了改善生活而必須做的改變。夢境日誌可以把這些統統記錄下來，展示所有夢境挖掘出來的祕密，你可以把夢境日誌想成是內在世界的「參考書」。

許多人把夢看成拼圖或是待解的小謎語，於是我們購買解夢辭典，試圖瞭解夢中事物的意義。呃，是時候把解夢辭典扔了；把這東西留在家中，還不如丟到垃圾掩埋場。事實是這樣：夢屬於做夢者本身。夢是非常個人、私密的東西。我們眼中的蘋果，對你來說未必是蘋果。五年前我們看來是蘋果的東西，和你今天對蘋果的聯想也不會一樣。我們相信你（也只有你自己）是解釋你自己夢境的最終權威。因此，你何必去想別人都在胡說八道些什麼呢？

從我們的夢中學習

亞里斯多德說過，來自夢中的領悟就如同物體的水中倒影。當水平靜無波，就容易看清形體；當水面紊亂不平（也就是你的心受到情緒上的困擾），反映出的倒影就會變得扭曲，也會失去意義。亞里斯多德還說，若做夢者在睡前內心愈平靜，在夢中就習得愈多[4]。如果你上床睡覺時平靜安詳，隔天早上你對夢境的記憶也會愈清晰。

夢兆，清醒夢的誘發物

當隨手記下的夜間歷險愈來愈多，你會注意到你經常夢到非常類似的事情。例如，你可能經常夢到姐妹、寵物、海洋、學校、蛇——任何事物都有可能。這些反覆出現的夢境元素叫作「夢兆」，是前往清醒夢世界的重要墊腳石。就算是現在，在不知情的狀況下，你的夢已經包含某些特定人士、事件、地點和情境，這些元素會反覆出現在夢中。一旦辨識出這些屬於你個人的夢兆，它們就會成為你夢境世界的地標，是你在夢中恢復意識的重要途徑。

找出你的夢兆

持續寫上幾個星期的夢境日誌，你就會注意到一些模式。夢兆對你來說是非常個人的。你可能在一生中不斷看到某個特定夢兆，例如對蛇的恐懼。生活改變時，夢兆也可能跟著改變，例如新老闆。拿一

支螢光筆，仔細閱讀夢境日誌，在某些出現不只一次的物件、地點、人物和主題下面畫線：可能是一棟雄偉宅邸、貓頭鷹、你老哥、公園或尷尬的感覺。把所有夢兆列成一張清單。

找出、辨認出這些夢兆，可以訓練潛意識；下次當它們再出現時，潛意識就會認出來。舉例來說，如果你注意到

> 大多數時候，我的夢都和家的概念有關。有時候出現的是我現在居住的公寓，有時候是我童年的老家，但通常夢中出現的家是某種結合我住過的所有地方的奇特混合物。可以說，我最常出現的夢兆是：我在夢中世界的住家。我現在只要發現自己在一個與清醒世界不一樣的「家」，馬上就知道自己在做夢。——賈瑞·塞佐，本書作者

自己常夢見前女友，可以把這個夢兆當作誘發物，意識到自己正在做夢。上床前告訴自己：「下次再看到前女友，我就知道自己在夢中。」理解到夢會使用熟悉的語言，也就是反覆出現的場所、人物或主題，是認知到自己正在做夢最簡單的方法之一。

發現一個自然世界

一八三二年一月，小獵犬號航行穿過大西洋，在一串火山島間巡航，最後終於停靠在非洲西岸的小島維德角（Cape Verde）。船上乘客踏上怪石嶙峋的土地，開始調查記錄島上的自然生態。一位名叫達爾文的二十三歲青年沿著岸邊行走，寫下當天的發現之一：一尾像變色龍、會改變體表顏色的章魚。他當天瞪著這尾章魚的表皮從黃變綠再轉紅，想必異常驚訝[5]。

如果你覺得記錄夢境很瑣碎無聊，試著改變記錄方式。想像你在精心編織一冊來自截然不同次元的故事集，一本先鋒探險家的日誌，因為本質上，那就是你正在做的事。你是一位探險家，那塊未曾有人涉足的地域就是你的內在宇宙。

當夢境日誌逐漸累積，你和夢境之間的關係也會增強，很快就會愈夢愈多，夢境也會愈來愈長、愈來愈多采多姿；此外，一長串美妙的常見主題和符號也會開始成形。嘿！這一路上你甚至會學到一、兩件關於自己的事。

重點整理

- 要記住夢境最有效的方式，就是把它們寫下來。
- 夢境包含我們經常錯失的頓悟和洞見，除非把夢記下來、回頭重讀，才有可能察覺。
- 夢兆基本上就是夢中反覆出現的元素，也是辨認自己正在做夢的絕佳手段。
- 醒來後快速寫下重點，不然很快就會忘光光。
- 抱著好玩有趣的心態來撰寫夢境日誌，這是一本記錄你在另一個次元歷險的書籍。

8

檢查現實面

現實通常是不正確的。
——道格拉斯・亞當斯（Douglas Adams），
作家、幽默大師、黑犀牛保衛者

你怎麼知道這一切不是一場夢？你可能會回答：「嗯，當然知道嘍，因為我很清醒啊，我可以看到周遭的世界，也聞得到氣味，還可以摸到、嘗到外界的事物。我正在這裡讀這本書……見鬼了！」這是一個絕佳證據，但我們擔心這還不夠。如果你現在正在做夢，一切感覺起來會跟真的一樣。你擁有的那些確切證據，視覺、觸覺、味覺、嗅覺、聽覺，在夢境世界中也統統存在。這樣多重感官的經驗、如假包換的情緒、完整實在的周遭環境——這一切元素都太有說服力了，

我們的大腦壓根沒想過我們在做夢。這就是為什麼要辨認夢境狀態，需要一副窮究萬物的心智。這一章就是為了將你的心智訓練得能夠追根究柢。

因此，請你暫停一下，看看四周，這次請認真檢查。你有沒有可能正在做夢？測試一下好讓自己確定。你可以用一手的指頭穿過另一手的掌心嗎？你可以穿越實心的物體嗎？如果你跳起來，能否在空中緩緩飄落？藉由問自己這些問題，你就在執行所謂的「檢查現實面」。此舉的箇中巧妙在此：藉著在白天自問：「我在做夢嗎？」你在夢中時也會問同樣的問題。你對現實的懷疑會在睡眠中造成回響，在心裡

> 我置身水中，跟著一位小小的卡通人物游過水域。我想在水下跟著他，然後心想，我在夢中可以在水面下呼吸。於是我拔掉呼吸管，繼續跟著那個小卡通人物往前游。——艾咪·B（AMY B.）

> 有兩天的時間，我只要記得，就不斷地問自己是否在做夢。當然幾乎每次的答案都是否定，而且一直這樣問感覺還滿怪的。但是我很喜歡此舉讓我在清醒時更貼近當下，自我意識也因此提升。第二晚，我身在家門外，我停下腳步又問了同樣的問題：「我在做夢嗎？」我低頭望著雙手來檢測確認。出乎我意料之外的是，數手指頭的時候，我看到自己有十一根手指。我又確認了一次。我大叫：「我正在做夢！」這次終於可以回答：「對！這是夢境！」這種感覺真是棒呆了。我放足奔跑，一躍到空中轉為飛翔，來測試我的超人能力。——大衛·G（DAVID G.）

四處迴盪，直到——看！——你發現自己身處心靈的麥加。「檢查現實面」正是做清醒夢的另一塊重要基石。

如果你停下來想一想，通常可以分辨自己是否在做夢：祕訣在於「停下來想一想」。當你很確定你處於清醒狀態，自問這個問題聽起來可能很瘋狂，但是等你第一次做清醒夢時，這一切狀似神經病的行為就有了代價。很快地，你就會在夢中開始檢查現實面，並瞭解到：「等一下，這招有用耶！我正在做夢！」這瞬間的領悟是如此神奇驚人，會讓你在清醒時練習所花的力氣得到報償。

人體測試

為了檢查現實面，你不只得問自己「我正在做夢嗎？」你還得自問自答。既然夢境狀態喜歡捉弄我們，把自己偽裝成「真的」，你要如何回答這個問題呢？幸運地，多年來做清醒夢的社群已經發展出一些相當聰明的複查技巧：確認每次都確實執行了人體測試。一些標準的人體測試如下：

🐝 **手指頭**。你可以用一手的指頭穿過另一手的掌心嗎？如果你正在做夢，這是做得到的。

🐝 **手**。你的手看起來正常嗎？你的手指頭數量正確嗎？

🐝 **跳躍**。跳躍不僅好玩得不得了，也是檢查現實面的絕佳招數。如果你跳起來，會在空中緩緩飄落嗎？你所在的空間是否有重力存在？

在夢境中，飄浮絕對做得到（在你嘗試飛起來之前，先試試飄浮作為進階前的測試！）。

🐝 **鼻子**。當你捏住鼻子，還能呼吸嗎？大多數清醒夢做夢者發現這是證明他們正在做夢最可靠的證據。

🐝 **鏡子**。你在鏡中看起來正常嗎？

🐝 **閱讀**。你可以讀同一個句子兩次而且句子完全沒變嗎？你可以讀同一個句子兩次而且句子完全沒變嗎？

去年有兩次，我在夢中做人體測試——一次我試著飛起來，測試自己是不是在做夢。我飛不起來，因此決定那是真的。喔，真是可惜！後來那次，我試著讓手變成紫色。我在夢中全神貫注，結果成功了！知道那是個夢讓我好興奮，但是我接著想：「那現在呢？」然後夢境就結束了。——蘇珊‧D（SUSAN D.）

正如上述蘇珊的例子，此時還需要另一項人體測試來確認。有時候第一個測試不成功，會唬弄你、讓你以為自己很清醒，但其實你已身處夢境之中。

何時該檢查現實面

如果你一整天都在問自己這個黃金問題，最終這個問題就會滲透進你的夢中，所以檢查現實面是最容易也最有成就感的技巧之一。這個問題很容易問，但是對某些人來說，把它變成一種習慣可能有點挑戰性。接下來三天，試著每天問自己五到十次。建立這個簡單的習慣，即使只維持一小段時間，也可能引發第一個清醒夢。如果你需要協助來提醒你檢查現實面，以下技巧有助於建立這個習慣：

1. 設定手機的鬧鐘，每隔一小時或兩小時就提醒你檢查現實面。

> 我在房間裡頭，站在床邊。天還很黑，我心想：「我怎麼會站著呢？我剛剛是不是起床去上廁所嗎？」我覺得自己不可能在做夢，就簡單跳一下來測試。結果我的雙手直接穿過公寓的天花板！「哇！還好我有檢查！」我記得自己這樣想。接下來，因為完全意識到自己在做夢，我還留在房內的一半身體也往上穿過天花板，開始在樓上那層公寓走來走去。由於沒看到什麼有趣的事物，我便到公寓外探險。
>
> ——湯瑪斯·佩索

2. 在以下時刻檢查現實面（選擇一到兩項）：

- 接電話時。
- 穿過一道門時。
- 看到一隻狗時。
- 吃完每一頓飯時。
- 移動到不同地點時。
- 有怪事發生時。
- 聽到音樂時。
- 聞到美味食物的香氣時。
- 身處情緒波動的情境時。

3. **善用夢兆**。你還記得夢中經常出現的那些符號嗎？也就是你的夢境日誌中特別醒目的夢兆？接下來，我們就要告訴你這些夢兆有多好用。清醒時，每看到一個夢兆就檢查現實面。舉例來說，如果你夢裡常出現狗，那麼不管何時看到狗，就暫停當時的動作，檢查現實面：我在做夢嗎？如果你經常夢到某位朋友或某個兄弟姐妹，接下來三天，每次看到或想到他們，就檢查現實面。因為這些都是經常出現在你夢中的符碼，你在夢境世界也很可能發現這些夢兆；此時若能檢查現實面，就能夠在夢中恢復意識。

覺知當下

就如同汽車儀表板上的「檢查引擎」警示燈，檢查現實面可以在某件不尋常的事物出現時提出警告。在清醒時提問，這些問題不只會潛移默化到你的夢境中，也對你清醒時的自我意識有重大的影響。化一點時間觀察周遭世界，你會更加注意身處的這一刻、更覺知到當下，自我存在意識也會因此提升。大多數時間，我們腦袋

填滿瑣瑣碎碎的嘰喳雜事。檢查現實面是跳脫行屍走肉模式的絕佳方法，讓我們在日常生活中擴展意識面。你可以把這個方法當作返回當下的機會。環顧四周，仔細看看那些圍繞著你的美好事物，清醒世界也可以是一趟真實旅程。

圖騰

放一個非常私人的小物件在口袋裡、鑰匙圈上，或是從早到晚都會看到的地方。每次看到這樣小東西或感覺到它在口袋裡，立刻檢查現實面，這會幫助你養成習慣，判斷自己是否在做夢，並漸漸移轉到夢境中。

重點整理

清醒時就開始和夢境世界溝通，溝通的工具就是檢查現實面。

- 每天隨時問自己：「我在做夢嗎？」很快，你就會在夢中提出同樣的問題。「是的！我這次真的在做夢！」
- 提出這個問題時，同時做人體檢查。
- 一天檢查現實面五到十次，每次間隔相同時間。你可以利用某個持續出現的事物來提醒自己，例如「每次看到狗的時候」。

第 三 部

抵達目的地

Arrival

現在，你已經打包好行李，該是上路的時候了。你的目的地沒那麼容易到達，但是我們會在你抵達時引導你。不用多久，你就會開始好奇地東張西望，拜訪奇怪又熟悉的環境。

在學習如何做清醒夢的過程中，我們逐漸理解：在夢中恢復意識並不像有些人以為的，是一件不可能的事。在嘗試過不同的技巧後，做清醒夢就像任何嗜好或運動，可以逐漸培養：只需訓練身心養成一些新習慣。

保持紀律很重要，但是我們發現正確的心態更重要。所以請保持信心、維持樂觀，同時也要願意接受失敗、從頭來過。錯誤的心態就像中國指套（Chinese finger trap）：愈用力，反而會施加愈多挫折和壓力，也就愈不容易做清醒夢。讓自己專注、放鬆，自然會引發清醒夢。

開始興奮了嗎？我們就快抵達目的地了！讀完這章，你將擁有所有必備的知識，進入自己一手創造的新世界。請盡情享受，我們在另一頭等你。

9

在夢裡醒來

若要在身心之間搭起橋梁，夢可以作為跳板，
讓人跳到正常意識之外的全新經驗領域。
——安‧法拉代（Ann Faraday），夢境作家、個人夢境解析的提倡者

　　一九六九年七月二十日，一架像蜘蛛有好幾隻腳的機械裝置，脫
離指揮艙，接觸到月球表面。如果那些太空人可以脫掉頭盔，就會聽
到外太空完全寂靜之聲。總指揮阿姆斯壯（Neil Armstrong）的腳接觸
到月球表面，但是他被太空衣束縛，沒辦法看到自己創造的歷史性腳
印。他形容月球表面踩起來感覺粉粉的。另一位太空人艾德林（Buzz
Aldrin）隨後加入他，瞭望月球上空曠的景色，發現像袋鼠一樣的連續
彈跳是在月球上最有效的行動方式。

幾萬英里外，地球指揮總部認真聆聽他們的對話。為了描述這個奇異的地方，艾德林用「華麗荒土」（magnificent desolation）這個字眼來形容眼前風景[1]。

如果你曾懷抱探索外太空的夢想，那麼做清醒夢雖不中亦不遠矣。利用前幾章我們蒐集來的工具，在本章節中，我們終於抵達夢境。休士頓，我們準備降落。

典型（typical）這個字一點都不適合形容在夢中恢復意識的深刻體驗，然而要在夢中清醒卻有一個很典型的方法。事實上，有七二％的清醒夢是透過這個方法發生的[2]，清醒夢社群稱此技巧為「夢境導入之清醒夢」（Dream-Initiated Lucid Dream），簡稱 DILD，其實就是在夢境開始之後意識才轉為清醒的夢。

這種自然發生的夢中清醒技巧通常來自某種誘發因素：一致性、夢兆，或是讓做夢者在夢中暫停動作並質疑「我正在做夢嗎？」的事物。本章將專門介紹這個方法，因為我們發現這是體驗清醒夢最簡單的方式。

如果你學會在睡前設定意念、白天清醒時不斷檢查現實面，或是自我訓練辨識夢兆，或許你已經做過清醒夢了。這些清醒世界的技巧在本章中都非常實用，除此之外，我們還會加碼補充另一種殺手級技巧。就像艾德林和阿姆斯壯，很快你就會踏出前往異境的第一步。

問題所在

還記得睡眠週期中的「快速動眼期」（REM）嗎？也就是身體陷

入沉睡、大腦卻如清醒時一般活躍的睡眠階段，也是夢境發生的時段。想學會做清醒夢，這個階段非常重要。我們的目標是將所有的能量導向 REM，實際做夢時將意念集中在這些敞開的時間窗口上。

問題來了。

我們在睡前設定了意念，但要等到入睡後約一小時，才會真正進入 REM 睡眠。進入 REM 前，必須經過三個睡眠階段。你的意念必須乖乖排隊，等淺眠期和深眠期都過去，才有機會發揮。

當我們進入 REM 時，早已遺忘要做清醒夢的初衷——這種情況稀鬆平常。你立志要看到夢兆或在夢中檢查現實面，但這樣的意念隨著睡眠週期循環，會愈變愈弱。

如果可以有什麼簡單有效的方法來解決這個問題，讓人一入睡就直接進入夢境、跳過深度睡眠期的失憶就好了！不過不需驚惶失措，的確有解決之道。

醒來之後再睡

REM 睡眠的最後兩段窗口發生在睡眠週期的最末段，亦即清晨時分。雖然我們整晚都會斷斷續續做夢，清醒夢做夢者通常會把注意力集中在這最後兩段的 REM 睡眠，理由如下：

這兩段 REM 睡眠持續的時間最長。隨著黑夜一分一秒流逝，你花在做夢的時間總量也隨之增加。最後兩段 REM 睡眠最長，幾乎每段都有五十分鐘左右，讓你有機會做一個既長又鮮明、有意識的夢境。

告別深度睡眠。你先前度過深度睡眠的階段，最後兩段 REM 睡眠之間只剩下一小段淺眠期。你的身體還是很累，但是你的心智已經準備好大夢一場[3]。

容易記憶。從夢中直接醒來的受試者對夢境內容有比較好的回憶。把注意力集中在這兩段睡眠，醒來後很可能就會記住你的清醒夢。

有了上述知識，我們來捉弄一下大自然，試著抓住最後兩段 REM 睡眠。這招叫作「醒來再睡」。簡單地說，就是在入睡六小時之後醒過來，保持清醒二十分鐘，再回去睡。這個精簡的方法會讓你在進入最後兩段 REM 睡眠窗口前，送你回去夢周公。

> 我第一次體驗的清醒夢是自然發生的，也是這輩子最值得紀念的時刻之一。那時我正在露營，整天都待在帳棚裡讀書，處於一種沉思冥想的狀態，除此之外，我並未在白天或睡夢中嘗試任何技巧。清晨四點左右，事情突然發生了。就像我先前所說的，這是我遇過最驚人的體驗之一：在「夢境世界」醒來，完完全全在那個世界中清醒，我四處轉來轉去、跳來跳去，興奮得不得了！——傑克·G（JACK G.）

如何抓住最後的 REM 週期

在最後的 REM 週期之前醒來，等於讓睡眠「暫停」一下。二十分鐘之後再回去睡覺，就能直接潛進美好又宜人的夢境泳池中。有了「醒來再睡」的技巧，然後設定意念、尋找夢兆、全神貫注於夢中醒來等，就會變得非常有效。以下是這項技巧的詳細步驟：

第一步：把鬧鐘訂在上床六小時之後

在上床就寢後六小時醒來。這個數字相當可靠，但是結果還是因人而異。如果在清晨提早起床沒有用，可以稍做改變。舉例來說，如果你平常習慣睡滿八小時，可能會想抓住最後一段 REM 睡眠期，因此要把鬧鐘訂在上床七小時之後，而不是六小時。但如果「醒來之後再睡」很難，請堅持六小時的作法，因為這樣比較容易再入睡。

第二步：醒來後維持二十分鐘的清醒

醒來，然後維持十五到二十分鐘的清醒，可以喚醒左腦，也就是大腦負責分析的那半部。要意識到「哇！這是夢！」，這可是相當重要的事。少了活躍的左腦幫助，負責創造力的右腦會很快樂地被天馬行空的夢境牽著鼻子走。換句話說，你不會想只醒過來幾秒鐘，接著馬上倒頭繼續睡。我們很清楚你的床看起來是那麼舒適，你想躺回去睡想得簡直快哭了。如果不撐過這段時間，這項技巧基本上就不具意義。你要讓大腦恢復到清晰而富邏輯性的思考狀態，然後帶著強烈的意念回去睡覺。

第三步：回去睡覺

現在可以躺回床上，擺出你最舒服、最放鬆的姿勢。許多人發現仰臥有助於做清醒夢，所以我們建議嘗試這種睡姿。再度墜入夢鄉的過程中，你要把注意力完全集中在意念上：「我會知道自己在做夢。」

第四步：自我肯定

不斷告訴自己：「我知道我在做夢。」讓這個想法成為睡著之前腦中最重要的思緒。

第五步：看見它

在緊閉的眼皮後方，想像自己進入某個夢境，看見自己在夢中清醒，並知道自己在做夢。接著看見自己注意到某個夢兆，或是檢查現實面。用五感來想像這一切，愈能觀想，幫助愈大。

第六步：感受它

當你停下來檢查現實面，發現自己實際上在做夢時，感受一下在夢中清醒帶來的興奮和情緒。去感受恢復意識帶來不可思議的自由感，沒有任何界線或限制，因為你在夢裡。

在醒來的十五到二十分鐘之間，你可以做這些事：

- 閱讀夢境日誌裡記錄的舊夢境。
- 看一遍你的夢兆列表。
- 閱讀本書（或是另一本關於清醒夢的書，如果你非得讀別本書不可）。
- 上廁所。
- 畫一幅理想的夢境圖。
- 下床走走。
- 寫一封信給你的潛意識。
- 不斷問自己：「我在做夢嗎？」直到你躺回去睡。

第七步：期待它

重複「我知道我在做夢」這句話，你就會沉入夢鄉。請記住，你不是像機器人一樣關掉開關，你是探險家，正準備踏上前往內在宇宙的旅程，展開令人難以置信的探險。接下來，你就會發現自己身在夢中。

萬歲！你進來了

歡迎來到夢遊仙境！你是愛麗絲，剛剛墜落到兔子洞的地板上。當你發現自己在做夢的那一刻會非常興奮，不妨給自己一個大大的獎勵。如果這是你第一個清醒夢，這感覺就像你終於知道這一切究竟是怎麼回事了。這種體驗極其深刻——你可是剛發現了一整片新大陸耶。

通常，清醒夢生手有意識的夢境歷險只會維持一小段時間。如果在夢中清醒、卻很快失去意識，不用擔心，這種現象很常見。下一章，我們會介紹讓你穩住夢境並長時間在夢中維持清醒的方法。如果你還沒體驗過清醒夢，也不需苦惱，練習的時間多的是。

在艾德林和阿姆斯壯的登月小艇著陸後，他們理論上應該要先睡個五小時，再離開太空艙、登上月球表面探險——畢竟他們好久沒睡了。但是他們實在太興奮，根本睡不著。要是你，不也會這樣嗎？查爾斯‧康拉德二世（Charles Conrad Jr.）是第三位踏上月球的太空人。「唷呵！」他這樣說：「老天爺，這對尼爾（阿姆斯壯）來說叫能是一小步，對我來說可是一大步！」[4] 他這番感受，我們再清楚不過。

打瞌睡

打瞌睡可以是一種執行「醒來再睡」的方式，而且非常有效。在打瞌睡的過程中，身體很疲倦，心智卻比正常睡眠時來得清醒。有些打瞌睡的人在入睡後，會直接掉進 REM 睡眠，或是馬上開始做夢，此時做清醒夢的機會相當大。這塊領域還需要更多相關研究，但是專家建議小睡二十、四十或九十分鐘。

重點整理

- 要做清醒夢最常見的方法就是在一般的夢境中恢復意識。
- 要做到這一點，最有效的方式就是執行可以引發意識的清醒技巧，例如檢查現實面、找出夢兆、在上床睡覺前設定意念要在夢中清醒。
- 若要達到最大的效果，試著把握最後一段（或是倒數第二段）REM 睡眠。方法是入睡六小時後醒來，再回去睡。
- 在重新躺下睡覺前，要保持十五到二十分鐘的清醒，好讓大腦恢復運作。重返夢鄉時，請懷抱要在夢中醒來、看見夢兆或檢查現實面的意念。

10

保持清醒狀態

我很快就理解到，沒有旅程可以真正帶領旅人遠走高飛，
除非這趟旅程能夠深入我們的內在世界跋山涉水，
一如在外在世界翻山越嶺。
——莉莉安・史密斯（Lillian Smith），
作家、社會評論家，也是以難纏出名的南非人權鬥士

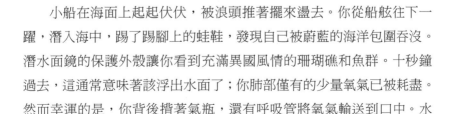

　　小船在海面上起起伏伏，被浪頭推著擺來盪去。你從船舷往下一
躍，潛入海中，踢了踢腳上的蛙鞋，發現自己被蔚藍的海洋包圍吞沒。
潛水面鏡的保護外殼讓你看到充滿異國風情的珊瑚礁和魚群。十秒鐘
過去，這通常意味著該浮出水面了；你肺部僅有的少量氧氣已被耗盡。
然而幸運的是，你背後揹著氣瓶，還有呼吸管將氧氣輸送到口中。水

肺潛水者可以在水面下長時間漫遊而不需擔憂。一片粉紅色的雲影飄過，浮游生物如點點繁星，而你優游其中，可以自在地尋找長相怪異的魚種、甲殼動物及鯨魚。你手中握有全世界的時間可供揮霍。

大多數的清醒夢做夢者都會同意：最令人沮喪的莫過於「在夢中清醒後不久，隨即又失去意識」。

正如同做過清醒夢的多明尼克・O（Dominic O.）描述的狀況：「那感覺就像我已經醒來，卻馬上決定胡搞一通。我實現了想做、想說什麼都可以的幻想，但是要抓住那層意識太過困難，在夢裡只維持不到幾分鐘的時間。之後，我也沒再掉回到一般無意識的做夢狀態，就醒了過來。」

不管是太過興奮所以醒轉，或是又陷入無意識的夢中，當你在夢中尋回意識之後，它不會從此乖乖跟著你。要在夢中維持清醒的意識，需要維持很微妙的平衡。如果想好好探索夢境世界，維持夢中清醒的能力是每個做夢者都該學習的技巧。

我們知道清醒夢會讓人異常興奮。你整天自問：「我正在做夢嗎？」回答清一色是「不」。當某次的回答變成令人震驚的「是！」，那一刻你會體驗到無比強烈的情緒激動。這種興奮之情會使許多新手清醒，又回到臥室的空間中。如果遇到這種情形，不需要覺得難過，大多數人都會遇到，反正永遠有明天晚上可以重來一次，又有什麼關係呢？

對其他做夢者來說，問題可能更幽微一點。在清醒世界中，我們可能因為看電視節目看得太入迷，完全忘記爆米花放進微波爐已經十五分鐘。做清醒夢時，同樣的壞習慣也常出現。不管你從事的是何種夢中活動，迷失在其中可能會非常耗神，因此在你意識到之前，你已經回到尋常的老夢中。想要嫻熟做清醒夢的技巧，可以一腳站在夢

境中、一腳站在夢境外，換句話說，就是和夢境積極互動，但絕不要忘記你正在做夢。

要想維持自我意識，必須養成在夢中定錨（anchoring）的習慣。如何定錨？其實只需要暫停手上正在做的事，運用某個技巧來加強注意力。這樣一來，夢中環境就會穩定下來，你也可以在夢裡長時間自由自在地四處探索。學會如何延長在夢中清醒的時間，就像潛水時背上揹了氣瓶。有了氣瓶，就可以在海洋中探索更久的時間。比起在海面蜻蜓點水，氣瓶讓你潛入海洋深處，直達海底，那兒正是你潛意識中真正寶藏的埋藏之處。

何時該為你的夢定錨

1. **在夢中剛恢復意識之時。** 清醒夢開始的最初時分可說最為重要，因此在夢中一恢復意識，就要立即執行固夢技巧。在你投身夢境探險之前，務必暫停腳步，運用本章接下來介紹的技巧來幫自己定錨。總之，猴急一定走不遠。

2. **當夢境開始褪色。** 當清醒夢快要變回一般正常夢境時，就會目睹這個現象。隨著做清醒夢的能力愈來愈熟練，你會注意到五感中最先消失的是視覺。視覺元素開始褪色消逝。就好像你從椅子上太快起身而頭暈，覺得四周一片模糊昏暗。英文裡有一個重要、奇特又不大好發音的字眼可形容這個現象——fading（褪色）。如果夢境開始朦朧或色彩不再豐富，你就知道夢正在褪色，此時必須加以穩固。

3. **增強清醒程度**。最重要的是，這些技巧可以讓你提高意識的層級。即使清醒夢未瀕臨結束，意識還是有可能衰退。意識並不像電器開關一樣非開即關，而是像一道光譜，一端是「行屍走肉」，另一端則是「涅槃開悟」，兩者之間有無以計數的漸層變化。

固夢技巧

　　不論是在夢中剛恢復意識、夢開始褪色，還是想要放大意識清醒程度，只要遇到前述三種情況，以下的固夢技巧統統適用。找出最適合自己的技巧，也可以隨興搭配、組合不同的技巧來應用。

保持冷靜，繼續進行

在夢中清醒可能是一種非常強大且具啟發性的經驗，但是就像駕馭野馬一樣，除非能控制、馴服自己的興奮，不然野馬一定會逃離你的掌控。當腦中響起像小孩一樣興奮的聲音，要你大肆慶祝：「唭呼！我在夢中醒過來了！」我們非常清楚要忽略這個聲音有多困難。

　　但請放下香檳杯，等真正醒過來再大肆慶祝也不遲。一旦在夢中恢復意識，一定要保持冷靜、試著放鬆。深呼吸，吸進夢中空氣，然後看看四周；此時不要忘情讚美自己的鬼斧神工，先讓自己慢下來。一旦冷靜、平息下來，就可以開始進行探險。

旋轉

試試看這個技巧，這是史蒂芬・賴博格發現的。在研究的過程中，他試著找出延長夢中清醒時間的方法，偶然發現了這個超級有效的方法。

道理其實很簡單。要穩固夢境，就讓（夢中的）身體像芭蕾舞者轉圈一樣，不停地旋轉。

　　你不需要像專業芭蕾舞者一樣做完美的鞭轉，只要順時針或逆時針旋轉身體就可以了。賴博格特別強調：平衡感和動作的訊息都和視覺訊號息息相關[1]。旋轉時的感官經驗會為周遭世界創造一個穩定的圖像，讓心智不易和肉體、即沉睡中的身體溝通，因此可讓人保持清醒。

我發現自己在爸媽家樓下，腦中閃過一個念頭：我一定是在做夢。因此我試圖往玻璃拉門飛去，藉此做個測試。我真的飛了起來，也馬上確認自己在做清醒夢。由於感到有些不穩，很快地，我把注意力集中在玻璃拉門上。我把腿穿過玻璃拉門，感受到一陣冰冷，就像把腳伸進一道湍流的冰瀑一樣。這強烈的感受讓我著迷，於是我四處走動，企圖感受夢中其他事物。

——山姆 · O · T（SAM O.T.）

保持互動

你在夢境之中——不要光是站在那邊，開始探險啊！消極被動的做夢者很快會發現自己忘記身處夢中。但你也不需要做特別瘋狂的舉動，只要找到一個用觸覺和夢中環境互動的方式就好。針對這類麻煩的狀況，賴博格博士有十分豐富的經驗，他建議我們大量運用知覺系統，這樣就焦點就不會從夢境世界轉到清醒世界[2]。因為知覺隨時可用，請專注在自己的雙手上，認真端詳，仔細檢查。把注意力集中在某一點，維持主動性——這個作法對穩固夢境絕對有效。

打破平衡

和夢境互動雖然重要,也不要陷在某一樣事物中太久,你可能會因此忘記自己在夢中。這項技巧的目的在於打破和夢境互動的平衡,同時繼續認知到這是一個夢。《聖經》中有不少段落提到類似「活在世間,但不屬於它」(Be in the world, but not of it.)[3] 的概念,也支持這項技巧。面對夢中情節,請試著將雙腳分踩兩個世界,以達到正念(mindfulness)的平衡。

摸一摸

把邪惡的笑容收起來,我們不是在講夢中性愛(還沒到)。運用五感,特別是觸覺,可以幫助你穩固夢境世界。試試一種叫「指頭碰指頭」的技巧:用每根手指頭輪流碰觸大拇指,同時專心感受夢境主體。碰

我在一艘非常擁擠的船上。我在夢中恢復意識,對身旁一對夫妻說:「我們現在在夢境之中。」那位太太不明白我的意思。我說:「我必須走了,但在我離開之前,我要讓妳知道妳也在做夢。證明這件事對妳來說要花什麼力氣?如果我現在就飛上天,是不是就可以證明我們在做夢?」她說:「是吧。」此時夢境開始褪色,我先開始旋轉,重複了兩次「固夢」技巧。我再度站穩腳步,夢境也恢復到原本的豐富多彩。於是我飛上天,在船邊盤旋。我記得那位女士非常驚訝。我還記得我飄到上層甲板,直視另一位女士的雙眼。我的表情就像是:「沒錯,我在飛……」一副很酷的樣子。但那位女士一點也不稀罕,只是轉了轉眼珠。——尼可拉斯·L(NICOLAS L.)

觸一堵牆、一棵植物或是地面。摩擦雙手，拿起一樣東西，感受一下
該物體的重量。專注在其他感官上，例如聽覺和味覺。此處的重點在
於引發專注力。

你愈專注（在某個感官、夢境世界或夢境主體）愈好。不管海洋
怎麼用力拉扯你的船隻，透過定錨，你的意識會穩固不動。

對夢境下達指令

如果你在飛行途中，可能很難摩擦雙手或碰觸某樣東西——特別是飛
行方式和超人一樣的話。下述方法可以在任何時候、地點應用。方法
很簡單：口頭對夢境下達指令，大聲說出某件可以幫助你專心的事情。
實際說出（有時候用喊的）「穩住！」「變清楚！」或「增加清醒度」，
能提醒你的意識和潛意識，你想要專注。
不要害羞，在夢中不管何時何地都可
使用這項技巧。每當你覺得夢境開始
褪色，就命令夢境穩住，通常能夠即
時改善。

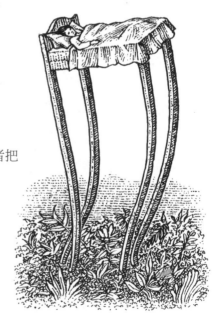

冥想

想要爽翻天嗎？最後這項技巧讓做夢者把
意識提升到更高的層次。儘管不推薦
初學者使用，試試看也沒啥壞處。
如果夢中的清醒度是一段光譜，
那麼使用這項技巧會讓你跳脫光
譜。做夢者必須在夢中清醒時坐
下來冥想。沒錯。冥想在夢境世界

的效用和在清醒世界是一樣的。坐下,集中注意力在呼吸上,仔細聆聽周遭的聲音。不斷地提醒自己:你知道你在做夢。注意到任何聲音或感受了嗎?是否有風吹過你的夢境?你可以聽到鳥叫聲、孩童嬉鬧聲或車輛聲嗎?感受一下地面有多堅實,同時瞭解到這一切並非「真實」?發展正念,覺知自己身處潛意識中,不管此處出現何物,都是你自身的投射。

重返夢境

你知道玩電玩輸了之後,下一次還是可以從原來那關「繼續」玩?如果你不小心從清醒夢中醒了過來,別擔心,還有救。躺在原處,不要動,也不要張開雙眼。把注意力導回夢中,特別是夢裡的地點和場景設定。當你再度入睡,試著記住細節,提醒自己:「我在做夢……我在做夢……」你可能會發現自己回到同一個清醒夢中,彷彿從未離開過。三……二……一……

清醒度

夢境世界有不同程度的清醒度。你可能會理解到你在做夢,但不知為何,所有事物你都無法控制。你可能模糊地意識到自己在做夢,卻沒辦法在夢中行動。或者,你可能擁有高度意識——你是周遭一切的創造者,也是周遭的一切。意識程度呈光譜分布,以下是這些程度基本的參考特徵:

第一級：完全沒有意識可言。你做了夢，但是完全不記得。換句話說，你無意識地做夢。

第二級：些微意識到自己在做夢，可以行動或做決定。事後較容易回憶夢境。

第三級：你知道你在做夢，但夢中事物卻和自己明顯分開。要影響夢中環境非常困難。

第四級：你知道自己在做夢，所有「那裡」的事物和「這裡」的沒有分別。對夢境元素和創造夢境的方法都非常嫻熟。

第五級：這是最後一級……是嗎？這個層級已經超過一般和夢境世界的正常互動，只有夢境大師才能參悟。夢境世界的一切投射都消融了，達到一個純粹的意識覺知境界。

定錨之後

　　海洋可能充滿考驗。不管技術練到哪個程度，穩固清醒夢的知識總是可以放在手邊備用。練習單獨使用，也可混合使用。當你學會延長夢中清醒的時間，就會更熟悉夢境世界的感受和特性。有了時間這個無價之寶，你可以到處走走，和夢中角色交談，刻意尋找問題，對夢境提出。你的技巧會隨之進步，夢中清醒度也會維持得愈來愈久。

　　你已經把氣瓶揹好，一切裝備就緒，氣瓶中裝滿了氧氣。好了，

古斯多（Cousteau，當代潛水之父），這趟探險旅程的下一站就看你了。我們要來看看探索神祕夢境的最佳方式。

重點整理

- 一旦在夢中恢復意識，要保持清醒，必須維持正念的巧妙平衡。
- 要延長夢中的清醒狀態，試著在夢中定錨，運用一些提高注意力且不斷提醒自己正在做夢的技巧。
- 使用這些技巧可以幫助你創造穩定的夢中環境，堅實的山水地景可讓你四下探索，翻山越嶺、飄洋過海，就像在清醒的實體世界一樣。

第 四 部

探索新世界

Exploring a New World

你 已經體驗最初的挑戰，如果至今未曾在夢裡恢復意識，那一刻也將很快到來。不管你是否做過清醒夢，這趟歷險離終點還遠得很。事實上，這還只是剛開始。這趟旅程就像一則經典神話、一個充滿閃閃發亮騎士盔甲的英雄故事，或是一則荒謬離奇的鄉野傳說，會帶領你直視自我，也會帶你更進一步瞭解真實的自己和更多的可能性。你走上的這條路是一條和清醒世界平行的道路。

以下章節將引導你瞭解一些夢境世界的重要資訊。在夢裡，一切都有點不一樣，其規定和原則和你習慣的有點不同。你會發現你能夠飛行、穿牆而過、穿越時空、憑空變出人物、一手打造建築物，甚至建構一整座城市。要做到這些事，你必須學習用夢境語言溝通、在夢中四處移動、影響周遭環境、用心眼來創造事物。

從這裡開始，做清醒夢對你來說會容易許多。投入愈多時間在夢境世界，能力就會隨之擴展。若想提升做清醒夢的技巧，這幾章介紹的訣竅至關重要。

11

交通方式

一旦你嘗過飛行的美妙滋味，
往後你在陸地上行走時，雙眼會永遠望著天上；
因為你曾上過天，你也將永遠渴望回到天際。
——達文西（Leonardo da Vinci），
文藝復興時代博學家、大才、厚顏無恥之徒

　　前方幾里之遙，白雲之下，群山朦朧一如駝峰起伏。你上升到和雲層同高，氣流迎面撲來，隨即衝過腦後，遠山逐漸逼近。你輕鬆飛過山巔，在清朗溫暖的空氣中加速。

　　所謂探險就是旅行、從 A 點到 B 點，還有沿路發現的一切。通常目的地本身比不上旅途來得重要。當你進入夢境世界探險，會逐漸熟

悉在夢裡旅行的規則，也會知道該如何移動。熟悉交通方式是夢裡最有用也最實際的能力，對於想探索內在風景的做夢者來說，是不可或缺的。

在夢中移動和在清醒世界移動有一點不同。在清醒世界中，如果你想去某個地方，通常習慣某些交通形式：搭乘巴士、汽車、騎單車、蹦蹦跳跳、邊走邊鬧，或是單純走路等。你必須移動你的身體，而每個動作都得花時間。

你每天早上的通勤時間要花四十五分鐘，前往巴哈馬群島的悠閒度假之旅也要花好幾個小時搭飛機，隔壁可能還坐了一個哭鬧不休的嬰兒。

在夢境世界中，全然不是這麼回事。時空的規則不適用於清醒夢做夢者。要從 A 點到達 B 點，只需要意念和集中注意力；所在地的改變可以在瞬間發生。熟悉這項能力，就可以自由地四下探索，前往遙遠的地方，甚至在時間長河中穿梭旅行。

本章將教導一些最簡單的移動方法，包括大家的最愛——飛行。我們也會學到利用門和鏡子進入新的地方；透過瞬間移動，你連一根手指頭都不用動。身為意識清醒的做夢者，你不再侷限於當下的夢境，而是運用這些技巧探索你選擇前往之處。

想去埃及看金字塔嗎？想橫越國境去拜訪朋友？還是來個快速的外太空之旅？一切都沒問題！不需要拖行李箱，也不需要帶防曬油，唯一需要的就是強烈的意念。不用花一毛錢加油，也不用兌換里程數，因為整趟旅行完全免費。

交通規則

1. **無重力**。這並不表示萬物像在外太空一樣飄浮在半空中，只是在夢境世界，不一定要遵守重力規則。你可以隨自己高興，打破或扭轉重力規則，也可以像神力女超人在天際翱翔，一飛沖天數百呎之高，或是在灑滿月光的雲朵上翻滾。這一切，你很快就會司空見慣。

2. **無空間亦無時間**。在夢境世界中，一切事物都存在於一個巨大的永恆當下。這個觀念聽起來有點瘋狂，對我們這些理性思考者來說，時間只會往前延伸，但是夢中的時間可以被扭曲或倒轉。只消一眨眼，你就可以到達千里之外；沒有事物能阻擋你，很快你就會發現這個地方有多無窮無盡。

3. **透過意志移動**。由於你已不處於物理空間，而是位於「心靈」空間。移動（把一腳放到另一腳之前，所謂「行走」）並非旅行的要件。正如我們在前一點說明的，

> 一開始我以正常速度慢跑。跑了大概二十幾步之後，我把腿提起來，飄浮在離地幾呎高的地方，拱著背，把頭對準天上像枕頭一樣軟綿綿的雲朵。慢慢地，我開始往上升，隨著每分每秒過去，我爬升得愈來愈高。離地約五十碼之後，我在樹梢自在地飛翔。我告訴自己就在當下，這個世界是真實的。此時的陽光比我以往見過的都來得燦爛。我可以感受到太陽的溫暖，美麗的光線照射在葉子上、我的手上及所有眼前可見的事物上。我停留在較低的高度，好欣喜地在樹梢間滑行。我將手指伸入樹葉間摩擦感受。很快地，湯姆也加入我的行列。我們一起飛向雲端，此時雲朵開始化為一個個巨大的枕頭。
>
> ——賈瑞·塞佐

空間並非移動的要素，因此移動或旅行只需要一樣東西：專心的思緒或意念。如果你要前往某一特定地點，只需要帶上意志力，眼前的景色就會瞬間轉變。

在滿是鑽石的天空中清醒_{譯註二}

對所有清醒夢做夢者來說，飛行是他們最主要的旅行方式，這點並不令人驚訝。大多數人事後回憶都會提到，當他們發現自己在做夢時，飛行是他們最喜歡做的事。感受迎面而來的風，可以往任何方向移動的自由感和喜悅，這種體驗很難不讓人心醉神迷。雖然飛行是做夢時最簡單的移動方式之一，要熟悉飛行技巧還是必須具備信心，多加練習。你不需要變成天使才能擁有一雙「翅膀」，但是要發展出隨

心所欲的飛行能力，需要反覆
嘗試和一點練習。

　　接下來的段落就如同一本
「航空夢境旅行」的飛行手
冊，包含夢境航空旅行所需的
基礎知識。當你愈來愈能掌控
飛行，也會獲得新的技巧和操
控性。你會發現自己以驚人的
速度飛行，或是在高不可攀之
處翱翔，還能表演一套讓任何
超級英雄看了都會眼紅的空中
特技。

當我剛開始做清醒夢，我很驚訝飛行能
力必須透過學習而得。就好像我頭一次
學走路，飛行也有其錯綜複雜、細微精
巧之處，讓飛行成為一種獨特的體驗，
必須徹底瞭解。舉例來說，我記得在飛
行途中停下來或急轉彎都很難，因為我
總是飛太快，而且起飛前還必須助跑一
段才飛得起來；不借助動量推進就直接
拔地升空非常困難。有好幾次，我因撞
到東西醒來，或是飛得太快被顛醒。
—湯瑪斯・佩索

起飛

　　當你在夢中恢復意識，跳起來飛行之前，請先花點時間用固夢技
巧把自己穩定下來。剛開始飛行時要十分審慎，這點很重要。捍衛戰
士，請您慢慢來。一開始先跳起來飄浮，感覺一下無重量是何感受。
你很快就會發現，在夢境世界裡，只有當我們要它存在時，重力才會
存在。一開始，似乎重力和其他物理定律都存在，但是一旦集中注意
力讓自己浮上半空中，你就會看到腳趾慢慢離開地面往上升。專心想
著「飄浮」，然後看著自己飄浮。只要專心做這件事，一切就這麼簡單。

　　如果你還是需要幫助才能離開地面升空，可以觀想下述任一種意
象；翅膀或其他飛行裝置的意象，可以幫助邏輯心智接受飛行這件「不

可能」的事。當然，這些觀想並非必要之物，不過可以當作第一次飛行的「輔助輪」。

　　請記住，飛行和你的想法和期待有關。相信自己能飛起來，就飛得起來。擔心自己會摔下來，鐵定會摔。就像小飛俠彼得潘和溫蒂，腦中要想一些快樂的事。每個做夢者都有屬於自己的飛行方法，以下是一些範例。你可以試試其中幾項，看哪一種最適合你。

　　超人式：一手握拳向前飛，就和銀幕上那位鋼鐵英雄一樣。

　　游泳式：用你習慣的泳式在空中泅游。

　　貓頭鷹式：像鳥一樣揮舞雙臂。

　　科幻式／奇幻式：運用某種飛行器輔助，例如後揹式噴射推進器
　　　　　　　　　　或魔毯。

　　彈跳式：跳一跳，每次漸漸愈跳愈高。告訴自己你沒有重量，最
　　　　　　　後一躍時，身體往前傾，跳起來轉成飛行。

　　小妖精式：讓自己變形，成為一隻鳥或背上長出蝴蝶翅膀。

速度

　　你躍入空中，高度慢慢提升，腳下的地面愈縮愈小，身體也移動得愈來愈快，傾斜著朝地平線飛去。

　　既然你已經在空中，現在首要之務就是學會如何控制。飛行很容易不穩並失去平衡。如果飛得太快，急轉彎時就很難操控。控制速度及轉彎能力是飛行訓練中非常重要的一環。開始飛的時候，保持在一個穩定的巡航速度，才能習慣飛行的感覺及夢中身體的無重力感。試著往上飛一百呎，回到地面上，再重複一次。腦中想著減速，就會慢下來；腦中想著加速，就會快速翱翔。只要能控制思緒，就有無限可能，只有天空才是極限……呃，前面這句話收回，即使是天空也沒有極限。

靈活度

　　作為新手飛行者，盡量避免轉彎——筆直地飛行比較不需要控制，也穩定得多；飄忽不定的飛行模式可能會讓做夢者醒來。當你擁有足夠的信心，只要循序漸進，轉彎其實很容易。把重量偏向你想轉的那個方向，就會順著轉過去。跟騎單車一樣，如果想左轉，只要把身體往左傾。就這麼簡單。

　　喔喔，前方有一棟建築物，你就快迎頭撞上了！如果不得已得來個急轉彎，或是你真的飛得極快，用頭來引導最簡單。若要快速轉彎，保持鎮靜，轉頭集中注意力在你想轉去的方向，接著身體就會跟著轉過去。做清醒夢的時候，保持活力、積極投入也很重要。如果頭埋在雲裡，可能會太專注於飛行，結果失去整體的意識。飛行的時候，持

續檢查現實面，藉由提醒自己「這是一個夢，這是一個夢！」來保持夢中的清醒意識。

降落

　　你在離地四百呎高的地方恣意翱翔，這件事真是了不起。從空中你看到某樣熟悉的東西：你的老家。你降低高度，意識到自己並未減速。你試著切到側邊，但是為時已晚。砰！就像華納卡通《樂一通》（*Looney Tunes*）裡的角色，直接撞上屋子，一群藍色小鳥繞著你的頭轉圈圈。

　　還好你在夢中不會真的受傷，只是這種衝擊鐵定會讓你當場嚇醒。說來遺憾，就算你的床長得像太空船，清醒世界沒有飛行這檔事。飛行不僅是一種娛樂，也是前往某個特定地點的移動方式。因此，待在空中雖然好玩又有趣，該降落時還是得降落。回到陸地可讓你繼續探險，不至於被飛行的額外樂趣帶走而迷失。

如何降落

1. 在腦中想一個你想去的地方。知道下一站要去哪裡可以保證你和夢境積極互動；夢境褪色的危機因此降低。

2. 用飛機的角度緩慢下降。

3. 往後靠，就好像拉著一匹馬的韁繩。把重量往後拉，試著以適當的速度飄浮在空中以準備降落。

4. 以最溫柔的方式著陸；擺動雙腳，就像在走路一樣。

5. 快出發探險！你來這裡可不是為了空手而返。

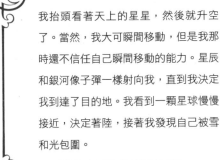

我抬頭看著天上的星星，然後就升空了。當然，我大可瞬間移動，但是我那時還不信任自己瞬間移動的能力。星辰和銀河像子彈一樣射向我，直到我決定我到達了目的地。我看到一顆星球慢慢接近，決定著陸，接著我發現自己被雪和光包圍。

——馬克‧R‧W（MARK R. W.）

　　飛行不一定只限於地球上。在夢裡，外太空有充足的氧氣，氣溫也非常宜人。繞著太陽系逛一逛，在月球上打個滾，進入宇宙的黑暗中探險。誰知道你會在那裡發現什麼？

其他的旅行方法

　　飛行可能是夢中旅行最令人興奮的交通方式，但有時候不一定最有效率。清醒夢沒辦法永遠不醒，所以你可能會想省點時間，在警示鈴響起前就抵達目的地。既然夢境世界有可塑性，為了加速旅行，操弄空間是有可能的。想去某個地方嗎？你可以略過辛苦的夜航，選擇下列瞬間旅行的方式。

入口

在夢中，所有東西都能成為前往另一個地方的入口。門、洞穴、牆壁、鏡子——我們有個朋友甚至想像一根巨大的管子讓他前往新地點（回想一下任天堂的「瑪利歐兄弟」）。這些東西只是視覺上的意象，好說服邏輯心智：瞬間移動是可能的。選一個你覺得會成功的入口。

在通過你喜歡的入口之前，想好你要前往的目的地，立下意念，甚至對著夢境本身大聲說出：「帶我去月球。」你可以用情感連結你想去的地點，以確保你的意念充滿熱情：「我要去月球，從遠方回望地球。」

想要擲骰子決定去哪裡？我們建議：讓夢的智慧引導你前往下一個目的地。通過入口時說：「帶我前往我必須前往之處。」然後穿過去。你會去哪兒，沒人說得準。

我和一個孩子站在紐約時代廣場上。當我理解我在做夢時，我正在教他飛行。我叫他直視我的雙眼，他的眼睛很奇怪——瞳孔長得很畸形。我試著和他溝通：「這是夢。」我一邊說、一邊飛到一個大型廣告看板上。那孩子學我的動作，和我一起飛到告示牌上。——蓋瑞・P（GARY P.）

瞬間移動

用想的，然後就到了。瞬間移動和入口技巧是一樣的意思，只是連實際的入口都不需要。畢竟，入口不過是視覺意象的輔助工具。想去任何地方，需要的只有強烈的意念。

還記得聖丹尼侯爵嗎？那位十九世紀的清醒夢開拓者？他有一個前往新地點的招數。他會把夢中的雙手放到眼前遮住視線，直到眼前景象轉成一片黑，接著想著他要去的地方，再把雙手移開。有時候，他甚至不需要把手移開，新的景色就會從黑暗中浮現[1]。

以下是三個瞬間移動的小訣竅：

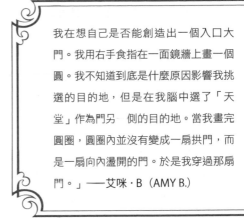

我在想自己是否能創造出一個入口大門。我用右手食指在一面鏡牆上畫一個圓。我不知道到底是什麼原因影響我挑選的目的地，但是在我腦中選了「天堂」作為門另 側的目的地。當我畫完圓圈，圓圈內並沒有變成一扇拱門，而是一扇向內盪開的門。於是我穿過那扇門。」──艾咪・B（AMY B.）

1. **一心一意**。你必須把意念調整好，好成功地瞬間移動。由於缺乏視覺意象的輔助工具，你的心智必須百分之百專注在你想要去的地方。也因為如此，瞬間移動是磨練意念技巧的有趣方式。

2. **閉上眼睛**。雖然不需要通過任何入口，你還是可以運用一點小伎倆來幫助自己。試著把眼睛閉上或是像聖丹尼一樣用雙手遮住眼睛，然後說：「當我把眼睛張開，我就會站在紐約帝國大廈的頂端。」

3. **轉圈圈**。在夢裡轉圈有很多好處。找一個穩定的地點，開始繞圈，雙眼張開。想著你想去的地方的景象，試著感受一下那裡的氛圍。看著眼前顏色和形狀融成一片。當你慢下來，新的地方就會成形。若能搭配強烈的意念，轉圈是改變夢境地點最好的方式之一。

穿牆而過

　　現在你置身於自己的內心風景，該是四下探索的時候了。測試一下周遭環境，摸摸不同的東西，感受一下它們如假包換的重量和質地。說到做清醒夢，最簡單也最有趣的經驗之一就是穿過堅固的物體。在夢境世界中，障礙物只是做做樣子。窗戶、磚牆、懸崖峭壁只是幻象，是你內心的投射之物，不是實體。這些東西摸起來可能感覺很堅實，但是這是因為你希望它們有這種觸感。把這些物體想像成空氣，就能毫不費力地穿過去。

> 在這個清醒夢裡，我練習穿過不同的物體：玻璃、木頭，還有瓷磚。我很好奇每種物質摸起來的感覺。在夢裡，我變出一支筆、一張紙，寫下我的觀察。玻璃感覺像冰，我穿過玻璃並置身其中，我的手臂穿過面前的玻璃門，真的非常冰冷。木頭像沙子，一粒一粒的。接著我穿過瓷磚，感覺像粉筆。穿過這些「物體」的感覺讓我很驚訝。我在夢中把這些體驗都寫了下來，但很遺憾我沒辦法把那些記錄帶回來。——湯瑪斯・佩索

時光旅行

　　在潛意識的遊樂場，你可以一腳跨越時間之沙，就像走路上班一樣容易。做夢者不受空間和時間的限制，可以隨心所欲回到歷史上任何時代，或是前往未來世界的風土。任何人都見得到，任何地方、任何時代都去得了。正如你可以讓空間彎曲，也可以使時間彎曲。夢境世界沒有界線，無窮無盡，在這個巨大的夢境當下，一切都有可能。

1. **孵夢。**當你「醒來再睡」前，決定一個特定的時間、地點。假設你是二戰軍事迷好了，你想回到一九四五年。可以在回去睡覺前看一些那個時代的照片，例如時代廣場上那張著名的「抗日戰爭勝利紀念日」熱吻照，也可以看相關的影片、聽聽那個時代的音樂。這些都有助於強化意念。

2. **打造一艘屬於你自己的時光機。**如果你在夢中恢復意識，但是並沒出現在你選擇的時代，你就必須旅行前往。因為我們的心智習於「因果律」，利用時光機或某個入口大門前往你想去的時代會很方便。你可以任意打造你的時光機，從簡單的木頭門框或是電影《回到未來》那輛豪華雙門跑車 DeLorean DMC-12 都可以，只要是你能連結的物體，而且深信它會成功帶你去你想去的地方。羅柏‧摩斯在他的著作《夢境大門》（*Dreamgates*）中建議做夢者選用比較有機的物品，而非機器。想像一條河流，他這麼說道：「時光之河。」涉入河，河水將帶你前往另一個時代[2]。

3. **再次自我肯定**。在你穿過門、踏入水中，或啟動你的神奇裝置前，大聲說出你的意念：「當我打開這扇門，門外會是一九四五年。」

重點整理

- 在夢境世界四處移動讓夢境探險更加豐富：要前往不同的地點，交通方法很實用；同時交通本身也是一種難得的體驗。
- 為了幫助你在夢中移動，創造一個方式讓你的心智相信你能做到不可能的事情：在空中游泳、召喚魔法之門、創造時光機……等。
- 在夢中飛行或四下移動時，只需完全集中的意念，其他都是次要的。
- 時間、空間和物理上存在的物體，只是夢中的幻象。即使周遭的一切看起來很真實，「真實」也可以輕易被扭曲。

譯註二：原文為 Lucid in the Sky with Diamonds，近似於英國樂團「披頭四」收錄於一九六七年的專輯《Sgt. Pepper's Lonely Hearts Club Band》中的名曲〈Lucy in the Sky with Diamonds〉。此曲歌詞咸認在描述嗑藥後所見幻象，曲名縮寫 LSD 恰與英文中的迷幻藥同字。

12

創 造 萬 物

生命非關尋找自我，而是創造自我。
——蕭伯納（George Bernard Shaw），
愛爾蘭文學評論家、劇作家，一位暴躁易怒的紳士

　　一八八八年，美洲邊境還存在許多地圖上的空白地點。該年十二月十八日，兩名牛仔騎馬經過科羅拉多州西南部的印第安人領地，尋找一頭走失的牛。但他們後來放棄尋找那頭牛，因為他們在途中發現了另一樣東西：一座嵌建在巨大懸崖上的古代泥造城市，約一千年前被居民遺棄。接下來幾個月，透過一位瑞典考古學家的協助，牛仔們探索挖掘了這座城市，為出土的遺跡整理編目，這兒是北美洲最大的崖居（cliff dwelling），現在稱作梅莎維德國家公園（Mesa Verde）。至

今崖居之內仍滿是早期普韋布洛（Pueblo）印第安人社會遺留下來的日用品和藝術品[1]。

　　創造是人類精神的核心。從古至今，每一個個體和社會都有無法遏抑、創造事物的衝動。不管你是藝術家、烘焙師、石匠，或只是普通人，每個人憑一己之力，都是創造者。即使你不像六歲時那麼常用手指畫畫，你還是一手打造了屬於自己的生活，不是嗎？

　　我們和其他動物的不同處，就在於我們能夠透過意志力和想像力來創作和打造新點子。這種能力讓我們形塑周遭的世界，也影響我們自己的個人經驗。我們擁有的思想、信仰、採取的行動，塑造了周遭的世界。你會發現，夢境世界裡也是一樣的道理。

創造的原則

　　在清醒夢中，你可以創造任何事物。這裡沒有任何限制——不管任何物體、生物或新奇玩意，沒有什麼是做不到的。

　　你的創作可以巨大如山，也可精巧複雜如生命有機體。如果你可以創造出不可能之物，你想做些什麼？由於任何創造之舉都唾手可得，本章會把焦點放在四個技巧上：創造的基本原則、變出朋友或家人、夢境藝術，以及大格局思考（thinking big）。

　　但是在我們討論上述技巧的詳細步驟前，要先思考一個重要的問題——我們在夢中要如何創造？當你發現自己在夢中完全恢復意識之後，有幾項原則要特別注意。首先，夢境世界看起來和真實的物質世界很像，但兩者還是有許多關鍵的不同處；規則、律法、習俗，在夢裡都會有些不同。

1. **思緒和情感創造出屬於你的真實。**你的思緒對夢境世界有非常重大的影響。不管你對夢境有什麼想法，都會直接影響到周遭環境。如果你沉著安詳，可能會發現自己身處平靜的湖邊。夢中的焦慮或恐懼會導致惡夢。因此，意念和集中的思緒正是關鍵所在。將思緒集中在一個特定的場所、物件、人物或結果上，你會瞬間打造出周遭的環境。我們潛意識的想法會創造出建築物、道具及夢中事件。

我思故我懼

人類在一天之中，會產生多達四萬至五萬條思緒。倘若是這些思緒創造了夢境，那麼夢境有時顯得雜亂無章、捉摸不定也就不足為奇了，尤其是我們身處其中，還完全沒有自我意識之時。一個好的意念就像意志堅定的飯店房務員，可以把這些混亂的堆積物整理乾淨[2]。

---

2. **期望效應。**夢境世界照映出你的信念和期望。如果你相信自己無法飛行，就飛不起來。如果你期待在隔壁房間發現一位美女，願望很可能實現。你可以利用期望在夢境裡創造事物。藉由控制期望，通常可以直接影響夢裡的環境。然而，這點不一定總是奏效——有時候一些被你隱藏的信念或期望會冒出來，進而影響夢境世界。儘管成功做了清醒夢，你可能還是得和惡夢及一些障礙物奮戰；後者是你潛意識心靈生出的畸形兒。

3. **鏡中之人。**在清醒夢中四下遊蕩時，你會逐漸理解到你和夢中環境

有多緊密相連。雖然看起來都是外部世界的東西（書桌、椅子、樹、鳥……之類的東西，不管是啥），這些東西都是你自我的反射。舉例來說，一張椅子感覺很堅固、很真實，仍是你心靈的創造物。一旦接受這個概念，你和夢境的關係就會大幅改變。周遭空氣顯得更鮮活，充滿各種可能性。你不再需要藉由意志力的強度努力改變，你開始毫不費力地轉換自我（你的想法、情感和信念）以改變「外在」世界。換句話說，不要試圖改變夢境，要改變你自己。

創造的基本原則

　　我們先從創造簡單的東西開始。由於我們追求邏輯的大腦習慣透過因果律運作，在夢境世界創造事物時，門、房間、藥物或飛行器等輔助工具會很有幫助。一開始，要憑空變出東西並不容易，以下訣竅能讓你順利起步：

1. **建立藍圖**。用心眼看你想要創造的物體。假設你想創造的東西是一根球棒好了，在心中緊緊抓住球棒的圖像。

2. **長什麼樣子？** 在心中看到清楚的圖像會有所幫助，但是要憑空變出東西還是有點不足。要確定你感受得到該物體，把一些情緒和感情連結到該物體上。一根球棒感覺起來是什麼樣子？質感如何？重量如何？想像球棒握在手裡，運用所有感官來感受它。你小時候玩過棒球嗎？還記得第一次摸到棒球的感受？思緒和情感一旦結合起來，會是一股無法阻擋的超強創造力。

3. **現在找到它**。你覺得憑空變出這些東西太過棘手？這是因為你的左腦阻礙了你，質疑這種把戲是否真有「可能」。你可以試著騙過腦袋，去別處尋找。找一個通往另一個房間的入口，說出：「當我打開這扇門或走進這個房間，一根巨無霸巧克力棒就會出現在房裡。」或是「一匹巨大的四頭馬在我家後院等著我。」如果附近沒門也沒有房間，你可以把眼睛閉上，集中意念想著：當你再度睜開雙眼，就會看見那樣東西。記住：要在心中牢牢想著該物體的圖像，期待它出現。

遇見朋友

你可以在夢中尋找老朋友、重新拜訪故人，或是和已逝的親戚對話。這很容易，就和你約人週日下午喝杯咖啡一樣簡單，而且這種經驗非常真實，真實到對方彷彿就在你面前。

但是誰知道這些夢中人物會不會是冒充的，只是你內心對某些事物的投射，還是那是真實存在的人？不管是哪種情況，和親友會面會是一次深刻的療癒體驗。最近剛心碎分手的失意人可以和前任愛人做個了結，寡婦可以在亡夫身上找到慰藉，你也可能收到最瞭解你的朋友傳來的訊息。我們接著就來瞧瞧：

1. **建立藍圖**。再一次，用心眼看見你想見的人。假設你想見幾年前過世的父親，可以專心地在腦中構築他的影像？趁「醒來再睡」的期間瞄一眼他的照片會有幫助。

2. **感受對方的存在**。投射情感在這個人身上，這點應該很容易做到。閉上眼睛，想像他就站在你面前，實地感受他的存在。以上述的亡父為例，他長什麼樣子？是什麼感覺？如果他走進房間，會有什麼特別的存在感？每個人都有屬於自己的存在感，請好好感受一下。

3. **去老地方尋找他們**。試著去他們經常出沒的地點找人，可能是你老家、他經常光顧的社區麵包店，或是他工作的工廠。為你的劇本提供一個熟悉的場景，這樣左腦執行起來比較容易。利用入口、其他的房間、閉上雙眼，或是任何讓你的心智相信可以在附近找到這個人的技巧。

創造藝術作品

在物質世界中，藝術一直是為了表達人類靈魂的內在運作而存在。藝術唯一的限制在於創作者的想像力，以及清醒世界的物理定律。

但我們不能在夢裡開啟新的藝術計畫嗎？除了作為驚人的創作力出口，清醒夢中的藝術創作有一些「實質上」的好處：有些藝術品在清醒世界可能耗時數月、甚至數年才能完成，在夢境世界不需如此，一時半刻就能創作出一件巨大而複雜的作品。清醒夢也讓你實驗一些違背地球上物理原則的藝術形式。舉例來說，如果你是建築師，請勿等資金到位，直接蓋出你夢想中的建築物吧！

> 匆忙之間，我在方山懸崖中打造了一間房室。它有一個隱藏的氣孔，但是非常小，沒有人能擠進去或鑽出來。我在頂端加了一個「煙囪」孔洞，這樣空氣就能流通，之後我利用瞬間移動進入房室中。我像拍枕頭一樣修正調整房中的石頭。——克里斯·W（CHRIS W.）

1. **意念**。在最後一段 REM 睡眠前醒來。打自己耳光，在臉上灑冷水都有助於清醒。現在，想一想你要創造什麼樣的藝術品。決定好創作物之後，帶著創作該作品的強烈意念回去睡覺。

2. **正確的工具**。由於固執腦袋的某些部分還是執著於物質世界，因此運用習慣的適當工具會有所幫助。一旦在夢中恢復意識，尋找你需要的材料，或直接創造出來。如果你想在夢中畫畫，那就在畫布上用畫筆和顏料作畫。隨著時間流逝，你會發現其實你不需要顏料。最後，連畫筆也顯得無用；此時你能單用心智來作畫。

3. **跳脫框架思考。**要成為藝術家及清醒夢做夢者，其中一部分關鍵就是嘗試新事物。整個夢境世界觸手可及，為什麼只在畫布上作畫？你可以試著畫出一整棟建築物。管他的！你可以畫一整顆星球！不要只是刻一座雕像，請雕刻出一整個文明。如果你喜歡電影，就拍一部你可以置身其中的電影，藝術唯一的限制在於想像力，以及腦中對於何謂可能、何謂不可能的既定觀念。

用大格局思考

　　一旦熟悉了基本原則，就可以創造出更複雜的藝術品，創作過程也會輕鬆許多。你不再需要符合清醒世界邏輯的童年安全毯，你可以毫不費力地表現自我、創造你的環境。以下兩個清醒夢的精彩敘述，描繪創造性清醒夢的規模、細節及美感可以達到何等地步。

我想打造一個完美的家。我造出一座美麗的森林，其中大多是長青樹，我也幫這個家留了一塊林地，打造了一間三層的獨棟屋子，屋內有許多房間。除了臥室，還有浴室、廚房、餐廳、客廳。我做了一間氣派的書房，還有天文觀測室、實驗室、望遠鏡室及健身房。望遠鏡室裡設有各式望遠鏡，可以看見所有電磁輻射的光譜。弄完屋子後，我走到屋外，把時間設在夜晚，讓滿月升到天空正中央，還讓附近地區下雷雨，這樣風就會把鄰近暴風雨的雨水吹到我們這裡。整個場景美得驚人。接著，我忽然發覺少了一樣東西。她不在這裡。但我不會試圖創造她在夢中的化身，因為那絕對無法媲美實際的她。我做不到。此時夢境褪色，我也醒了過來。——**理查·V·W**

雖然我做過許多其他清醒夢，這個夢是我做過最緊湊、最驚人的……
我此刻的目標是打造另一座城市，所以我在空中飛行，直到看不見
任何認得的事物。很確定的是，我以某種方式創造了另一座水邊城
市，極富海灘風情。我往下飛到一個水邊市場，市場周圍長有奇怪
的樹木，樹上懸掛會發亮的怪異果實，但是我走進市場，看看我的
大腦到底創造出哪些食物……市場內有成千上萬種不同的食物，我
唯一品嘗的食物幾乎像糖果萵苣，聽起來很詭異，但嘗起來很棒、
很脆，滋味也很鮮美。——卡麥隆·R（CAMERON R.）

你無法想像用心智打造一整間屋子？在下述例子中，做夢者還可
以變出更厲害的把戲。

上帝情結

要注意的一點是，即使這些做夢者對於夢境世界都很嫻熟，還是
有許多事物不在他們的掌控之中。前述範例中的理查，他夢中的作法
非常著重細節，但他還是無法控制他一手打造的房屋的每種顏色、材
質及複雜程度——是他的潛意識填滿了這些細節，補滿每個空白。意
念是由他而起（打造一間有特定房間的屋子），但是他的心智接手完
成了其他部分。

所以，如果你逐漸產生上帝情結（The God Complex），請把手中
的閃電放下，承認自己的不足。

在夢境中，我們可以創造任何事物，但不是什麼都能創造出來。在上述第二個夢境範例中，卡麥隆的意念是打造一座城市，也做到了，但是他並未創造每一棟建築物和每一條街道，只是讓自己的心智去運作。某種「他腦袋創造」的糖果莴苣，讓他很驚訝。夢境旅行者或許會導演夢境，潛意識還是幕後最重要的黑手，會偷渡隱喻和象徵符號，這就和任何正常夢境一樣。這樣不是更有趣嗎？即使已經非常熟練，清醒夢做夢者還是會對自己的夜間探險感到驚訝，並受到啟發。畢竟，如果結局可以預期，就稱不上探險了。

成為一門藝術的清醒夢

當世界逐漸演化，我們的集體意識也會逐漸升高；有一天，做清醒夢本身可能會成為一門藝術。夢境是我們用視覺把故事和點子打造出來的地方，在這裡，計畫和夢想（不是雙關語）可以先行創造出來，在物質世界中就更容易實現。這可不是什麼新奇的想法。事實上，原住民文化的薩滿巫師早已知道，若要在物質世界中打造某樣東西（例如你一直想重新裝潢廚房，或是讓這本書誕生），必須先在「幻想領域」中建構它。換句話說，做清醒夢是創造現實物質的工具。

重點整理

- 夢境世界的規則和物質世界不同。在這裡，你可以在瞬間輕易創造出物品、藝術品或整個風景，而且細節栩栩如生。
- 擁有強烈的意念、心眼中看到強烈的影像、產生情感連結，或是「騙過」因果律，此時創造過程會最有效率。
- 在夢境世界，我們的思緒和情感瞬間創造出周遭的世界。通常期待的事情就會發生。
- 我們可以在夢中變出任何東西：創造埋想中的事業、構思一闋詩、譜寫一首歌、從帝國大廈頂端跳下來、召喚靈魂伴侶、打造夢想中的家、發明前所未有的新事物……等。在夢中體驗這一切事物，好像它們都是真的，會讓你獲得清楚的頭腦和信心，在清醒世界中也就能實際創造出來。

13

夢 境 住 民

當地的原住民……一般來說個子都很高、體態挺直、肌肉結實，

而且身材比例完美；他們行走時步履強健有力且靈巧，大多數人下巴都抬得很高。

他們的語言高尚但狹隘……我必須承認我不知道有哪個歐洲語言

在腔調和重音上更甜美、更偉大。

——威廉・賓（William Penn），

美國賓州的創始者、拓荒者、德拉瓦人之友

在夢境世界遊歷探險，我們常會驚訝地發現：我們並非孤單一人。
這塊土地上有原住民。有些夢境住民和我們擦肩而過，這些完全陌生
的人沉溺在自己的世界中。其他人則看似我們認識的人。這是一片迴
異大地，臉孔看起來卻很熟悉。到頭來各種微妙複雜的夢中人物都住
在這個世界中。有些成為我們的精神導師，提出建議，針對最迫切的

問題提供答案。畢竟這個世界是他們的老家，自然是我們的嚮導。但不是每個人都會親切地歡迎我們到來。夢境住民也可能把我們嚇得屁滾尿流，以最可怕的生物樣貌出現，獵殺我們，讓我們瘋狂逃命。

夢境住民也不一定都會長得像人類。夢中的每樣事物都是活生生的，也可與人互動。你可以和一朵花交談，對一只茶壺提出問題，甚至和夢境本身交談。我們的一位朋友曾經和一張床架有過一場非常完整的對話。

我們很少會停下來思考居住在夢中的人物，但這個問題必須提出來：這些人到底是誰？簡單地回答，他們都是想像力隨機虛構出來的，是由潛意識創造出來的心智投射……。但真的僅只如此嗎？夢中人物只是背景的附屬品，還是具有更多存在意義？如果你想和他們說話，他們會回話嗎？他們會有趣事想說嗎？

你現在已經在夢中恢復意識，應該開始注意當地的族群人口。本章你將學到以下幾件事：

🐝 夢中人物之間的差異。

🐝 這些當地住民是誰。

🐝 你要如何和他們互動、為什麼要這麼做。

我決定在夢境世界中更有建設性地運用時間，還要去探望克莉絲（她是我在前一個清醒夢遇見的夢境導師）。我看到她穿過一條擁擠的街道，站在路邊的陰影中，一副間諜的模樣……我對她說：「我接下來該做些什麼？」她說：「我只能說，和慈善商店有點關係，也和裝潢有關。」然後我就醒過來了。──傑克·G

拜見當地住民

和清醒世界一樣，在夢中你也會遇到形形色色的人，每個人物都有不同程度的意識。有些人對周遭發生的事情有意識，有些人則帶有訊息要傳遞，有些看起來像朋友或認識的人，有些則是嚇死人的白癡。探險過程中，你會看到各式各樣的人物，我們發現夢中人物（包括惡夢中的人物）大致可歸類出三種基本人格類型：

夢遊者
清醒程度：低

夢遊者缺乏自我意識。這些人就像樂團即興演唱會中免費入場的傢伙，四處晃來晃去。你若試著和他們交談，他們會胡言亂語。雖然缺乏智慧，還是把夢遊者當成一般人，不要把他們看成道具人偶。倘若這些人物是你心靈重要的一部分呢？想得更大膽一點：他們有沒有可能是沉溺於其他夢境投射中的做夢者呢？你只是看不見他們的內在世界。既然我們無法確定夢中人物到底為何，就給他們一點基本的尊重，可以嗎？

如果把夢境看作一部電影，他們就是廉價的臨時演員。

朋友
清醒程度：中／正常

當地住民並不需要是你清醒世界的哥兒們才能成為你的朋友。這些人物樂於和人交談，也願意回答問題，是非常棒的談天對象。當你詢問他們是否知道自己在做夢時，他們可能無法理解你的問題，但是當你需要他人的支持來對抗惡夢時，他們是很好的盟友。

　　如果把夢境看作一部電影，他們就是配角。

導師
清醒程度：高

這類型的住民似乎知道得遠比你多。他們出現時通常帶著某些重要訊息，引導你穿越夢境世界的山水地景，或是給予你迫切需要的建議，解決清醒世界中的難題。這些住民本身具有獨樹一幟的風格，存在感強大。當你和他們在一起時，夢境本身通常會非常穩定清晰，就好像你自己的注意力和意識某種程度也受到他們的影響。這些住民不一定具備人類的外貌，導師可能以各種外型或大小出現。

　　如果把夢看作一部電影，他們就是《星際大戰》中的尤達大師。

指導靈

為什麼應該和他們互動

當然，你可以和任何一位夢中人物交談或互動，但為什麼非這麼做不可？畢竟，在清醒夢中還有一大堆不得了的趣事可做。但我們認為，花時間和夢中住民交談是有價值的，原因如下：

- 🐝 **指引**。最重要的一點是，夢中人物是知識和智慧的絕佳儲藏體。若能和夢中住民交談、向他們提問，做夢者將受益良多。快去吧，問他們關於他們自己、關於你，或關於這整個夢境世界的事。把他們想成是旅遊嚮導，可能會學到一、兩件事。

- 🐝 **療癒**。除了指引之外，走訪夢中人物也是自我療癒、更加認識自己的機會。假設你夢到多年前過世的朋友，和他說說話，問你一直想問他的事，這些都可能對你的清醒生活造成深刻的影響。不只如此，若能勇敢正視、面對具攻擊性或充滿敵意的夢中人物，也會帶來和解和療癒。

🐝 **夢中性愛**。終於輪到這個題目了。幾乎每個清醒夢做夢者都有過夢中性愛，即使是偏向靈性的修行者也不時會沉淪於夢中的巫山雲雨。由於在夢中毫無限制，可以做任何事，追隨天生的性衝動也是可理解的事。我們不會因此對你下任何批判，或是讓你產生罪惡感，要是這樣，也就太偽善了。清醒夢中栩栩如生、如假包換的真實細節，代表進行夢中性愛時也是一樣。

清醒夢中的性交體驗十分驚人，但此舉也會讓你分心。不要誤會我們的意思，你想在夢中嘿咻多少次隨你高興。你可以和所有名人、搖滾巨星或日常生活中煞到的對象上床，但是請留點心神關照更大的格局。請記住，你身處於內在世界的風景當中，有太多東西可以去探索、去發現，因此時間到了你會想把褲襠拉鍊拉上，轉身上路。

和當地住民交談

遇到一位夢中人物或憑空變出一位夢中人物時，不要浪費時間講一些五四三的瑣碎小事。天知道你還剩多少時間就會醒來，或是失去夢中的清楚意識？因此請善用時間。你完全不需要慢吞吞地東磨西蹭，談論關於天氣的無意義話題。請直接提出大格局的問題，也就是那些你真正渴求答案的大哉問。

以下是一些可開頭的問題：

- 不好意思，請問您是？
- 您為什麼會在這裡？
- 我可以幫您嗎？
- 您有什麼東西讓我看看嗎？
- 您叫什麼名字？
- 您是否代表某個重要的東西？
- 我生命的下一階段該做什麼？
- 我們在哪裡？
- 帶我去探險！
- 可以為我唱首歌嗎？

有困難？

請找專家協助。夢中人物可以是非常有用的導師，協助我們解決一些清醒生活中的挑戰。你可以請愛因斯坦為你解釋論文的主題，請傑佛遜（Thomas Jefferson）總統助你瞭解美國政治，和你的祖父一起散散步，或是請夢中的陌生人幫你一把。這些夢中人物提供的訊息和洞見會讓你驚喜不已。

我注意到不遠處的一位年輕女士，穿著和服在海灘上跳舞。

通常我不太注意這種事，但是她身上有某些奇特之處，我忽然有股衝動想詳細調查。我抓了一把沙，朝她走去，我讓沙慢慢從手中流下……她有著一頭深棕色長髮，髮絲隨著她的舞步飄逸。

「嗨！」

我想她沒聽到我打招呼。我有一種奇怪的感覺，我似乎知道她是誰，但又不真的認識她。我提高音量：

「哈囉，朋友！」

「喔，哈囉，你好！」

我在想她會不會也是一位做夢者，但我不確定該怎麼詢問她此事。

「妳在做什麼？」

「我正在為我寫的故事尋找靈感。」

「原來如此。夢境是靈感的絕佳來源，不是嗎？」

她停止跳舞，驚訝地看著我。

「你是做夢者，是嗎？」

「是的，我是！」

我想要問她的名字，但突然間她說她找到某樣東西，就飛走了。

——傑夫·Z（JEFF Z.)

夢境禮儀

接下來，來談談禮儀。和夢中人物亂搞或騷擾他們，這種行為一點也不酷，我們之前也有類似的失禮行為，還為此感到罪惡。有些人喜歡在夢中亂跑，把夢中住民當玩物一樣對待。清醒夢做夢者最常做

的一件事，就是在夢中冒失地問人：「你知道你在我的夢中，所以你根本不存在吧？」幾乎毫無例外，夢中住民都會用一種看著瘋子的眼光看著你，不然他們也會覺得被嚴重冒犯——你說我不是真的!?

在一份二〇〇五年的哈佛醫學院研究中，受試者被問到：「你的夢中人物是否對你有任何感覺？」受試者指出，有八〇％的時間，他們都覺得夢中人物感受到某些事情[1]。因此，這些夢中住民很可能和任何人一樣也有感情。請聽媽媽的話，你想別人怎麼對待你，就要怎麼對待別人。如果這些夢中人物也是你的一部分，那這就等於在對自己做同樣的事。

夢中人物的本質為何？

當你和夢中住民交談，可能會開始思忖更恢宏的大哉問：「這些夢中人物的本質為何？」你知道他們不只是紙娃娃，但他們也一樣擁有思考、意志和自主的能力嗎？針對這個傷腦筋的問題，以下是兩個可能的解答。

🐝 **他們是你的投射？**沒有人知道夢中人物的本質到底為何、他們又是誰。最具邏輯性的解釋為：他們湧自你潛意識的心靈；他們就是你。如果夢境世界是你的幻想王國，那麼夢中人物便來自你的潛意識，

像野草從地面冒出來。忽視這些夢中人物一點道理也沒有。如果他們是心智的一部分，那麼理論上他們也能接觸到數量驚人的知識和智慧。夢中人物擁有的智慧和決心都來自潛意識之泉。詢問夢中人物一些私人的事情，從他或她身上尋找人生重大課題的解答，也可以單純喜愛他們當下的模樣，也就是——你。

🐝 **獨立的個體？** 以下所述可能有點「過頭」，請稍微忍耐一下。許多清醒夢做夢者曾經目睹夢中住民施展神奇的能力，且行為舉止十分奇妙。許多人也描述，夢中常遇到一些有智慧、自主獨立的個體。就個人而言，我們之前覺得這個想法有點瘋狂不合理，直到我們自己也有了類似的體驗。不是所有的夢境住民都這樣，但的確有些人物「不屬於這個世界」，而且完全擁有自主意識，有自己的觀點、欲望、動機，也有認知能力。有時候，這些人物會提出問題並教導我們，他們看起來通常比其他人物聰明，像是對焦清楚的照片，而其他人物都沒對到焦，顯得模糊不清。

　　當榮格遇到名叫腓利門（Philemon）的夢中人物時，他也想到這個大哉問；腓利門一而再、再而三地來到榮格夢中找他。身為心理治療師，榮格寫下了他的經歷：「腓利門和其他存在於我幻見（fantasies）中的人物，帶給我關鍵性的頓悟，亦即心靈（psyche）之中有些事物不是由我生產的，而是自行生成，擁有自己的生命。腓利門代表一種不是來自我的力量。在我的幻見中，我和他對話，他會說出許多我在意識面從未想過的事情。」[2]

　　如果你覺得榮格的故事聽起來有點瘋狂，那麼下面這個故事才真是令人難以解釋。在榮格夢到腓利門許多年後，羅柏‧摩斯也不斷夢

我對夢中人物非常著迷。你知道，因為這和「我們到底是誰」這個問題的核心有關。如果我有意識，而且知道自己在做夢，然後有個像伙對我說話，而且似乎擁有自己的意識，那麼他是否獨立於我之外存在？因此，有一次我在夢中恢復意識，穿過一個廣場，地上鋪著鵝卵石，當時是晚上。走著走著，終於碰到一個像伙，我問了類似這樣的問題：「你到底是什麼？你是我還是你？」他看著我，轉了轉眼珠，就走了。於是我走向另一個像伙，問他：「你是什麼呢？」對方只是看著我，說：「那不重要。」所以，或許我應該用更好的方式提問。於是我再問他：「有什麼重要的事情是我必須知道的嗎？」他抬頭望著天空，沉思了一會兒，「嗯⋯⋯」接著他低頭和我四目交接，說：「你不做你想做的事。」——麥特・C（MATT C.）

到一個自稱腓利門的人。摩斯發誓在那之前他從沒讀過榮格的著作，一開始也完全不知道他竟然和已逝的榮格遇見同一位「導師」。直到許多年後，他才發現此事，你可以想像當時他有多驚訝。

想一想

許多古文明都相信某種形式的夢境共享（dream sharing），其中最著名的就是古代埃及人、古代中國人，以及許多原住民文化。我們是否和他人共享更多的夢境體驗卻不自知？如果此事為真，以下是幾個可能導致遺忘的原因：（1）我們不記得夢境；（2）夢到某人的時候，我們不會每次都在隔天一醒來就告訴他們；（3）做夢時，我們下意識著迷於自己的投射之物，太過專注於夢境中，無法和其他做夢者產生連結。

這類的體驗讓我們感到好奇，是否真的存在一個共享的空間——也就是榮格所謂「集體潛意識」的地方？夢境有沒有可能就像線上虛擬遊戲「第二人生」（Second Life）的世界一樣，讓我們和其他做夢者在同一空間相會？我們有沒有可能在夢中遇見好朋友，分享彼此的體驗？我們是否已經這麼做，只是事後遺忘了？這種現象稱為「夢境共享」，而且已經有人著手研究。身為意識清楚的夢境探險者，要不要發掘、深入鑽研這類實驗，就端看個人的興趣了。

科羅納多犯下的大錯

十六世紀探險家弗朗西斯科・巴斯克斯・德・科羅納多（Francisco Vásquez de Coronado）戴著滑稽的球根狀金屬帽來到美洲，這代表他是來自西班牙的征服者。但是格蘭德河（Rio Grande）流域的印第安人對西班牙一無所知。回到一五四〇年的悲慘冬天，當時他們只知道這個奇怪的白人燒毀他們的屋舍，不論男女老少，只要被他碰上，格殺勿論。隔年春天，一名印第安人拜會科羅納多，告訴他北方有一座富有的黃金之城。這個傢伙被西班牙人稱作「土耳其人」，他帶領征服者軍隊穿過水牛遍布的平原，一路來到堪薩斯州中部，整趟旅程耗時數月。

西班牙軍隊四處尋找金銀財寶，卻只找到赤裸身體、揮舞弓箭的印第安人。「沒有黃金、沒有白銀，什麼都沒有。」科羅納多說了這句名言。「土耳其人」有計畫地帶領科羅納多走上歧途，這麼一來，這支殘暴的征服者軍隊就會遠離他的族人。「土耳其人」最後付出性命，作為欺騙科羅納多的代價[3]。

你也會遇見自己夢中的住民，所以我們要從科羅納多犯下的錯誤中學到教訓。對這些夢境住民要好一點，我們不知道他們是誰，也不總是知道該對他們說什麼才好，但是我們很清楚：他們非常重要，也值得我們以朋友相待。

重點整理

- 夢境住民不僅僅是紙娃娃。
- 每一個夢境住民都有不同程度的自我意識，擁有的智能和智慧也像光譜分布一樣各不相同。
- 夢中人物會給你指引、親密感及建言，千萬不要忽視他們！
- 沒有人可以確定夢境住民的本質到底是什麼。

══ 14 ══

超 能 力

心裡想什麼，就會變成什麼。
——佛陀，
性靈導師，有瘦骨嶙峋和圓潤福態不同的形象

❦

　　人類一直渴望擁有超越常人的超凡能力。從最早有記載的人類文明開始，我們就著迷於神祇、超自然現象，以及展現非凡能力者。只要看看你家附近的電影院片單就知道：一部又一部的超級英雄電影。

　　關於超自然的幻想慢慢滲透到我們的想像中。我們會互問：「如果你可以擁有超能力，你想要哪一種？」心裡非常清楚這只是假設性的想法。不過一旦進入夢境的國度，幻想就成了現實。

　　本章之中，我們將帶你大開眼界，看看到底有哪些你從沒想過的

神乎其技。請準備好，將清醒世界的限制拋在腦後，你會發現你真正的能力所在。雖然可以獲取你想要的特殊能力，本章中我們將集中介紹三種超能力：變形、念力（telekinesis）和操控能量。

　　建議你挑選你最喜歡的一項超能力，試著專注練習。如果想要試試念力，不要只嘗試一次就作罷。雖然試玩超能力很有意思，熟練之後會更精彩好玩！

變形

　　想像自己是一隻海豚，遨遊於汪洋大海中，也可以變身成美國總統。如果化身成非洲草原上的獵豹，奔馳著追殺獵物，不知會是什麼感覺？你也可能想變成另一種性別過一天看看。就像幼稚園老師說的：你可以成為任何你想成為之物。只是這一次，你不用等到長大就能實現願望。

　　變形不是什麼新把戲，這是清醒夢做夢者最古老的伎倆之一，在世界上許多原住民部落文化尤其受歡迎。在教變形的方法之前，請記住夢中的身體是完全可塑造、可延展的，這一點很重要。在夢中棲身的軀體是想像出來的，是心靈依照其認為身體應有的形象所做的投射。這個投射出來的形象在平常的夢中就經常變化。我們的友人麥特想在夢中變成女人，忽然間就成了一個四十歲的傳統美國家庭主婦，他說：「詭異的是，我居然也有當女人的感覺。」

　　變形就是刻意改變自我形象，將平常熟悉的形態拋諸腦後，轉變成完全不同的樣子。

　　有一點請牢記在心：變形需要練習。我們的自我形象根深柢固，

由難以撼動的神經通路連結著。對大多數做夢者來說，這需要花上一些時間。失敗了也不要覺得挫折，只要持續練習就可以。

1. **轉換外形**。上床睡覺之前，決定你想要變成哪個人、哪種野獸或哪種物體。「醒來再睡」之後，集中注意力在意念上。如果想變成一頭老虎，在腦中想像全身長毛是什麼感覺，或是用肌肉結實的四隻腳走路會多有趣。入睡後，在夢中醒來，變形的時候到了。再一次，想像你要變化的形式，從觸覺去感受成為老虎的各種感官刺激。四足踏地，感覺牙齒變銳利。閉上雙眼，大聲說出：「當我睜開眼睛，就會變成一頭老虎。」夢中的身體可以幻化成各種你想要的外形。

2. **我的老天啊，老虎！**如果在腦中想像你想變化的外形並不管用，不妨抄個捷徑。因為大腦習慣因果律，試著和大腦合作，而非抵抗它。在夢境世界中尋找一帖變身藥方，找到後對自己說：「喝下這藥，我就會變成老虎。」然後咕嚕咕嚕把藥喝下去。你可以盡情發揮創意：坐上魔毯，或是爬進黑漆漆的洞穴中，出來後就變成你想要變的老虎。這個方法基本上就是餵自己吃安慰劑，引誘自己上當、相信變形是可能的。

3. **鏡像。**喝變身藥方也沒用？那麼在夢中尋找一面全身鏡，看著鏡中自己的影像，將變形意念投射到鏡中影像，看著鏡中人的身體各部位開始變化。當鏡中影像完全變身，再從鏡子中走出來即可。

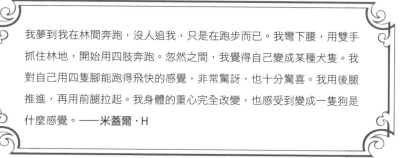

我夢到我在林間奔跑，沒人追我，只是在跑步而已。我彎下腰，用雙手抓住林地，開始用四肢奔跑。忽然之間，我覺得自己變成某種犬隻。我對自己用四隻腳能跑得飛快的感覺，非常驚訝，也十分驚喜。我用後腿推進，再用前腿拉起。我身體的重心完全改變，也感受到變成一隻狗是什麼感覺。──米蓋爾·H

4. **要不就沉下去，要不就游泳。**抱著信心跳下去。找個有水的地方，如池塘，跳進水中的同時，腦中想著：「我一碰到水面就會變成一條巨大、金黃色的魚。」也可以嘗試下面這種超勇敢的舉動：完全

確定自己在做夢無誤之後，從懸崖一躍而下，想像自己是隻鳥，揮舞雙臂。以上這類充滿信心的舉動，是對夢境世界下達大膽的最後通牒，向潛意識證明你已準備好，而且深信不疑。或是你也可以嘗試薩滿的傳統作法，還滿酷的。舉例來說，如果你想成為黑豹，便裹上一張黑豹獸皮，感受皮毛逐漸變成身上的毛髮皮膚。

念力

想像一個世界，每個人都可以用心靈移動物體，這非常有趣。想像一下，若真能做到，打掃房間或整理 CD 會有多容易，而且惡作劇的機會沒完沒了。當然，在清醒世界中，我們不具這種能力；在清醒夢中可就完全不是這麼回事了。

要能用念力移動物體，必須具備足夠的專注力和信心。因為念力和心的力量有關，你知道會發生，它就一定會發生。

1. **從小物著手**。一旦在夢中清醒，找一個小一點、輕一點的物體，試著移動它一小段距離，這樣比較容易習慣，對自己的念力也比較有信心。我們會把清醒世界中大部分的事物帶進夢中，例如關於重力的知識。我們在成長過程中學到網球是輕的，而汽車很重。因此不要直接嘗試移動水泥攪拌車，先試試移動一盒火柴。

2. **不要有壓力**。有可能你的心念連很輕的東西都無法移動。此時請勿感到挫折，你還在適應夢中的物理學。

    你要把這變成好玩的事、一場非競賽遊戲，去除不必要的壓力。

3. **心靈的延伸**。夢境的組織構造事實上就是心念的一部分。運用心念
   來控制呼吸、移動雙腿、集中注意力。當你能把夢境世界想像成一
   堆元素的組合，都是透過心的作用互相交織纏繞，你就能夠理解：
   移動一輛車和搖搖小拇指是同樣一件事。你和物體之間沒有分別。
   一旦能接受這個想法，就能移動較大的物體。

   在夢中世界，你可以感受你和「外在世界」的關聯。整個夢境感
覺起來非常鮮活、具有意識，即使是周遭的空氣都因存在而震動著。
請記住，你操控的並不是外在的重力：你在操控你自己。

能量球

　　控制駕馭能量是一種非常好玩的能力。一旦能駕馭能量，就可以用來和巨大的忍者機器人對打、**擊退怪物**般的惡夢，還可以摧毀象徵性的銅牆鐵壁。駕馭能量的概念有時候非常抽象。大多數時候，我們都看不到能量，更不用說要命令它了。但是能量一直環繞著你，在空中流轉，在物體間流竄。要讓這個能力不那麼抽象，可以創造一個能量球。所謂的能量球只是在視覺、觸覺上給你一個能量的象徵物，好控制它的去向。

我離開地面，飛入雲端翱翔。一道閃電擊中我，但是完全無礙。我伸出手，用手掌收集閃電的能量。我持續收集周遭的閃電，融合成一個發光的能量小球。小球閃閃發光，透出一抹舒柔的青藍色調。

——理查·V·W

> 我專注在那輛單車上，想像接下來將發生的事，我做了一個快速、由上往下的揮手動作，讓單車倒下。沒多久，我注意到一輛車往我所在的這條街駛來，決定用心念把行駛中的車輛舉起來。當汽車駛近，我的兩隻手由下往上揮，那輛車騰空約四呎高，仍在行駛；當我釋放集中的念力，那輛車很快又落回地面。——班·S

1. **想像四周的能量**。在夢中，描繪電流在電器中的移動路徑。把能量當成某種看得到的東西，例如藍色的波動。如果這麼做很困難，找個你知道有能量的東西。舉例來說，看著一盞燈，想像能量從插座一路流向燈泡。

2. **碰觸能量**。伸出手，插入流竄四周的能量中。

3. **把能量變成一顆球**。用雙手當成「能量掃帚」，把能量掃向自己。當能量往你的方向流過來，用雙手做出搓圓球的動作，彷彿要把所有能量都捏成一顆球一樣。雙手繞球搓揉，以確保能量不會散失。

4. **把球往外推開**。製造出第一顆能量球時，不用太過緊張。只要輕輕地把球推開，看看球會變成怎麼樣。會馬上破裂嗎？會不會對碰觸的東西產生影響？一旦這個技巧成了第二本能，就可以隨心所欲地使用。

我想我應該是在一間店裡遭受邪惡女巫的攻擊。我告訴那些女巫，她們沒辦法動我一根寒毛，因為這是一場夢，而且我有超能力。她們全部大聲地嘲笑我。

「說的跟真的一樣！」其中一位女巫這麼說。

「我要讓妳嘗嘗我的厲害！」我說，用手製造出一顆火球丟向她們。我不斷重複這個動作，所有女巫跳來跳去，試圖閃避。接著，我用雙手往女巫所在的地面射出冰塊，她們紛紛滑倒，最後摔成一團。這下，換我哈哈大笑了。──莎莉絲特‧F（CELESTE F.）

感受這股力量

　　超能力非常好玩，但是這些能力是有功用的。在夢中花一小時的時間，對著夜空發射能量球，醒來後可能會覺得力量和信心滿滿。如果可以用心靈的力量移動車輛，還有什麼無聊的日常問題能夠困擾你？如果在夢中能做到那些不可能的事，別忘了清醒世界也充滿各種可能性。請務必將那種信心和充滿活力的感覺帶回清醒世界。請記住，在你最不起眼的工作服下面，還藏有一套緊身衣和斗篷。

白魔法

能量可以創造，也可以毀滅。可以擊退怪物，也可以加強清醒夢中的創造行為。假設你正在建造一艘火箭好了，但是火箭無法升空。此時，你可以把周遭所有的能量都引導流向火箭，提供它需要的推力。此外，自我療癒聽起來如何？藉由操控周遭的能量，你會意識到夢境的組織和質地。

我在夢中想起要檢查現實面，於是理解到我正在做夢。我出發去執行清醒夢任務，變身成一隻鳥，然後在空中飛翔。我往空中一躍，張大雙臂，雙臂變成巨大的翅膀，身體的其他部分也跟著轉變。我的羽毛是亮麗的紅色，有些羽毛尖端還綴有橘色。變身完成，我以最大的力氣拍擊翅膀起飛。我飛得非常慢，就像在水中游泳一樣。我嘗試將翅膀動得慢一點，控制得更好一些，結果成功了。我飛得更快了。——安東尼·P（ANTHONY P.）

重點整理

- 在夢中，超能力完全可行。
- 你能力的唯一限制，和專注力及信心有直接的關聯。
- 夢境是一個沒有重力的地方，在夢裡，「你」的定義是可變動的，而且你的心也可以隨意控制物體和能量。
- 帶著你從夢中獲得的信心和力量回到清醒世界。

第 五 部

熟悉地形

Mastering the Terrain

你認識了這塊夢土，也熟悉了夢境住民。你一直以來都很努力，也得到了回報。很可能，夢中風景已經為你展露了一些驚人奇觀；至此，夢境世界對你來說不再是一片霧茫茫的異世界記憶，而是你每晚帶著完全清醒的頭腦造訪的目的地。介於可能和不可能之間的屏障正在快速消融，你的探險歷程正要完全開展。

但你可能還沒到達這個境界，或許你還在努力記住自己每晚的夢境，抑或嘗試「醒來再睡」的技巧（見第九章）。不用擔心，你還有大把時間可以練習，每晚都有好幾小時可用。

夢境世界廣袤無疆。在接下來的章節中，我們將離開青翠茂盛的綠地和綿延起伏的山丘；周遭景色將轉為人煙稀少、怪石嶙峋。辨識前方的道路會更有挑戰性，地圖查閱起來也益發困難，不過，你最後得到的報償也會數倍於以往。

在這裡，你直接面對自我的不同面向。那些耐著性了（或是沒那麼有耐心）等在潛意識前端的希望和恐懼，現在是好好處理、解決的時候了。就像希臘史詩中的英雄奧德賽，你將迎戰妖魔鬼怪、克服各種挑戰，並學習自我療癒。這一切都會在早餐之前完成。

拔除惡夢的威脅

恐懼有其用途，但懦弱一無是處。
——甘地（Mahatma Gandhi），
非暴力運動提倡者、律師，熱愛走路

　　邪惡的小妖精、戴面具的變態殺人狂、猙獰的女巫、被病毒感染
變成的活屍、從井裡爬出來的小女孩……我們開心地花費大筆銀子去
看這類爆米花電影，好假裝真有瘋狂的殺人電鋸或某種怪物在背後追
殺。我們愛死這種嚇破膽的恐怖片，但是當這些暗黑世界的角色在夢
中出現，那就變得有點太過寫實了。

　　惡夢是夢境世界的黑暗面，會帶出做夢者強烈的恐懼、驚駭、痛
苦或焦慮。人類不是只有小時候才會做惡夢，約有五到一○％的成年

人每個月至少會做一次惡夢[1]，有些人做惡夢的頻率更高。根據一項針對四百三十九名德國學生的調查，平均每人每個月會做兩次惡夢[2]；針對另一群中國學生的獨立調查也支持同樣的結果[3]。不管你在夢裡被追、被攻擊、恫嚇，或是發現自己在眾目睽睽下赤身露體，惡夢總是會引發強烈的情緒。即使你已經醒來，心臟還是噗通跳個不停，胃則糾結得像被打了死結。你可能會自我安慰：「這不過是場夢。」但是惡夢在生理和情緒上造成的影響還是非常真實。

那是一個快樂的城鎮，鎮上居民也都很歡樂。太陽出來了，世間一片祥和。忽然之間，冒出大約六、七個像電影《衝鋒飛車隊》（*Mad Max*）或《獵殺猛鬼公路》（*Devil's Reject*）裡的飛車黨惡霸，騎車在鎮上晃。他們開始打架滋事，然後把我打昏。我醒來時發現自己被關在一間又黑又髒的牢房裡，牢房的門是開著的。我離開牢房後，發現鎮上失去昔日的歡樂，取而代之的是一片黑暗、悲慘和痛苦，簡直就是人間煉獄。當我開始探索這個惡夢，我遇到先前的「快樂」居民。但是他們不再開心，他們全都死了。當我靠近他們的屍身，我會立即回到過去，重新經歷他們死前最後幾分鐘的人生。每個人的死前遭遇都一樣，總是在閃躲或逃離壞人的追殺。不管我或他們逃往何處，最後總是會被抓到，接著就被殘暴虐殺。斷氣前，我又會回到自己的身體。這種情況一而再、再而三地發生。最後我總共找到七具屍體，體驗了七次死前經歷。這個夢最後結束在惡霸們找到我（在我自己體內），並繼續追殺我。當我快被殺死的時候，就醒了過來。——賈瑞·塞佐

夢境的功用之一，就是個人內在狀態的報告。夢境會反映出清醒生活中的感受，因此舉凡壓力、疾病、受挫的人際關係或創傷事件等，都會在夜晚時分以黑暗力量在夢中現身，這其實很合理。如果我們白天試圖逃避某事，它很快會找到一種方式來吸引我們的注意。惡夢也可能是潛意識對外在狀況的反應，包括疾病、發燒、藥物治療、使用特定藥物（或倉促戒斷該藥物）、即將發生的生活變化、懷孕、財務方面的擔憂，或是換工作等。

　　還好在清醒夢裡，要完全擊退惡夢是有可能的。就像掃雷小組清除地雷一樣，在本章中我們會教導你如何拔除自己的惡夢，也會洩漏一個小祕密：如何讓惡夢成為在夢中保持意識清楚的捷徑。夜晚的惡魔可能很嚇人，有些人會刻意遺忘或壓抑所有的夢境，對這些急迫的訊息視而不見。如果你也是這樣，不用擔心，本章會提供你需要的簡易工具。

整合我們的陰影元素

雖然看起來不像這麼回事，其實惡夢無意嚇唬我們——只想傳遞重要訊息。榮格把惡夢稱作「陰影元素」（shadow elements）。他相信陰影元素是我們遺失的一部分自己[4]。惡夢似乎反映心靈不想要的層面，這些層面被潛意識所排斥、否認或否定，但是它們就像被冷落的小狗一樣，只是想要被人疼愛、擁抱，再度被我們接納。在榮格眼裡，如果我們可以接受自己的惡夢，把這些惡夢整合進心靈之中，就會逐漸走上完整而平衡的全人之道[5]。

白天清醒時，我們會試著克服恐懼。舉例來說，如果你打算克服懼高症，一旦能排除這層恐懼，就擁有更多的可能性，也會擁有一個更豐富、精彩的生活；最後還能去美國大峽谷一遊。拔除惡夢也一樣。倘若你能解決夢中的問題、面對困擾你的事物，最終就能享受更多的自由，內在衝突會減少，視野也會更平衡。

惡夢躲藏在潛意識愈久，造成的損害就愈大。白天就可以著手處理惡夢，作法是：和朋友家人討論這些惡夢，或在日誌中把惡夢寫下來。處理惡夢的第一步就是在日常生活中承認惡夢的存在，讓陽光照進黑暗的陰影中。也可以在夜晚做清醒夢時擊敗這些惡夢。夢境雖然不是心中惡魔最初現身之地，但幸運地，這裡可以成為它們最後被目擊之處。

運用清醒夢來面對惡夢

在惡夢中，我們會失去控制感。做清醒夢是賦予我們力量的工具，讓我們面對惡夢，透過惡夢得到療癒。對夢境旅行者來說，惡夢事實上是誘發清醒意識的完美跳板。為了躲避某物而逃命或是被嚇破膽——這些情況都可以作為夢兆。因此，下次當你發現自己被窮追不捨或被嚇得半死的時候，問問自己：「我是不是在做夢？」

史蒂芬・賴博格在他的著作《夢境完全使用手冊》（*Exploring the World of Lucid Dreaming*）中描述一起類似事件。他和七歲的姪女講電話，姪女告訴他一個很可怕的惡夢：夢中她在當地一個水池游泳，然後突然出現一隻鯊魚攻擊她。身為特立獨行的清醒夢做夢者，賴博格告訴姪女，下次她再看到鯊魚，就知道自己在做夢。既然夢裡頭不可能真正發生什麼可怕的事情，她其實可以和鯊魚做朋友。一星期後，姪女打電話給他：「你知道我做了什麼事嗎？我騎在那頭鯊魚的背上！」[6]

有時候，惡夢是標準的英雄救難情節，其他時候，夢中沒有真正的反派人物，只有一種氾濫的焦慮感或恐懼感。我們都做過上課遲到

> 我被萬聖節恐怖電影裡的一個角色追趕，這傢伙戴著白色面具，是《月光光心慌慌》（*Halloween*）中的麥可・邁爾斯（Michael Myers）。我知道他人就在房子裡，似乎一直在殺人。這是一場惡夢，我心想：「只要我們撐到天亮，一切就沒事了。」但是天亮之後，他還在追殺我們。他跑得並不快，卻怎麼都甩不掉。我們拿槍射他，以為他死了……但是沒有，他還活著！最後我們在一座鐵橋上僵持對峙，我最後記得的場景就是我直接衝向他。
>
> ——德瑞克・A（DEREK A.）

的夢（明天有報告要交？）、牙齒掉落的夢（再也長不回來！），或是在大庭廣眾下沒穿衣服的夢。會把一個夢變成惡夢的並非夢境主題，而是困在其中的感覺。

不管做了哪種惡夢，唯一能完全擺脫惡夢的方式就是正面迎向它。

我走在一棟非常樸素的建築物內的白色走廊上，前方有兩個男人向我走來。我轉向右邊，試圖打開離我最近的一道門，但門被鎖住了。此時，那兩個男人以更快的速度接近我。我轉身開始奔跑。走廊變得好長，幾乎有兩個足球場那麼長。奔跑的時候，我可以聽到他們在身後愈追愈近。我心中閃過一個念頭：「我在做什麼？」我一邊跑，腦中一邊出現以下對話：「我在做夢嗎？沒錯！我當然在做夢！」我決定停下腳步，面對這兩名攻擊者。我一轉身，他們也停止奔跑，向我走來。要面對這兩個人還是讓我心生恐懼。他們要幹什麼？我提醒自己身在夢中，並在內心找到接納和愛的感受。我試著向那兩個人投射這種情感，內心隨即升起一股安全感和被保護感，沒有任何東西可以傷害我。其中一個男人伸出手，作勢要和我握手。他手上在燃燒。他告訴我：「不要讓你的火熄滅。」我和他握手，他的手感覺非常溫暖有力。我向他道謝，夢境至此結束，醒來後我覺得全身充滿力量。——湯瑪斯・佩索

一旦受到挑戰，原本充滿敵意的夢中人物或夢中感受通常會喪失力量，也會縮小，變得和小貓咪一樣人畜無傷。馬來西亞的賽諾族人（Senoi）相信，當我們勇敢面對惡夢，就能征服它[7]。既然惡夢解除了威脅，作為清醒夢做夢者，你可以對這位前幽暗人物提問。正常情

況下，夢會透過符號和隱喻來和我們溝通。但如果你坦白詢問惡夢它的目的為何，通常它會清楚地用語言表達隱喻所要傳達的事。透過談話把惡靈趕跑，並且進一步發掘出潛藏的訊息。

近身迎戰惡夢：面對恐懼的方法

在擂台上的紅色角落，超過兩千磅的重量級惡夢冠軍正蓄勢待發。這位來自東方的野獸、櫃中的骷髏，被壓抑了許久，現在終於回來復仇。他就是鼎鼎大名的……惡魔熊！

而在藍色角落的，是心靈這位幕後黑手，也是夢境的創造者本尊；他現在完全清醒，準備好要擊倒對手，他就是……夢境探險家！

叮叮！鈴聲響起。以下是擊出 KO 一拳必須知道的訣竅：

1. 身在，心在

恐怖片中，往樓上跑的柔弱少女一定活不了。不要自作聰明，以為自己一定可以逃離惡夢的魔掌。許多人自以為比惡夢聰明，試圖飛走或換掉夢中場景。請記住下面這句諺語：身在，心在。就算飛越整個海洋，移動到另一個星球，或是完全改變夢境；不管前往何處，惡夢都會在該處現身。不斷逃避同樣的恐懼，惡夢就會一再出現。如果惡夢背後代表某個重要訊息，潛意識在還沒成功傳遞訊息之前，絕不會罷休。

2. 拉繩子喊卡

許多人會在惡夢最緊張的時候讓自己醒來，感到鬆了一口氣，這永

遠是選項之一。想像你背上揹了一只降落傘,隨時用力扯一下繩子,降落傘的繫繩就會把你拉回到清醒世界,安然無恙。呼,閃過子彈了!這麼說來,做惡夢的時候,何不每次都讓自己醒過來就好?想像一個情況,假設你家廚房的瓦斯爐著火了,冒出熊熊火燄。你會移駕到客廳去,打開電視機,假裝什麼事都沒發生嗎?遲早那失火的爐子會把你家燒光光。如果一直逃避自我的某些部分,而這些部分又有話要說,這對你的夢境和清醒生活都有害。壓抑這些訊息,等於壓抑了自我意識。我們得和這個未解的衝突共處,就像罹患一場無法治癒的磨人長咳。話雖如此,如果惡夢真的太過緊張壓迫,必須從中脫身好收驚,請記住:你永遠可以拉繩子喊卡。

3. 知道自己是安全的

惡夢中那頭討人厭的野獸、人物或物體,無法真正傷你一根寒毛。事實上,逃離他們只會對自己造成更多傷害。如果惡夢像惡霸一樣,在肉體上威脅你,那只是虛張聲勢。就像狗會追咬自己的尾巴,你迎戰的其實是自己的一部分。所以請愛惜你的惡夢。

4. 不要改變夢境,改變你自己

當你在夢中清醒,目的並非控制情況或控制惡夢。試圖隔離或消滅惡夢只會讓它更憤怒。根據清醒夢做夢者保羅·索雷(Paul Tholey)的說法,攻擊行動只會讓惡夢角色更強大[8]。這種說法很有道理:因為你把對方想得**很有力量**,等於把力量輸送給他。專注在自己的情感上,對惡夢釋放正面、充滿愛的感覺。這聽起來可能很難,但是藉由清醒夢及完整的自我意識,冷靜沉著地專注於改變自己,而非改變夢境。你感受到什麼情緒?釋放焦慮和恐懼,就能看著那頭陰

森可怕的惡魔熊變身成為可愛的泰迪熊。

5. 徵召援兵

如果不想單獨面對你的恐懼，我們不會怪你。你很幸運，夢境世界有許多人站在你這邊。徵求一名援手或嚮導來和你搭檔上場，（和平）迎戰對手。你可能想召喚亞瑟王來掩護你，或是徵召聖雄甘地來調解紛爭？藉由強大的意念或孵夢，你可以變出或孵出一位嚮導（參考第十七章）。如果不想尋求夢中角色的幫忙，可以運用自己的超能力來建立面對惡夢的信心。想像一個保護力場環繞在四周，把夢境本體變大；只要能給你力量和安全感，不管是什麼，統統拿來用！

撰寫新的章節

你反覆做過同樣的夢嗎？這個練習要你想像自己賦予那個夢境完全不同的結局。練習久了，最終會滲透進你的夢中，等下一次又做惡夢時，不用費什麼勁就能在夢中恢復意識。

白天清醒時，回想你做過的惡夢，想像自己回到那個夢境的當下。安靜坐著，在心中重播惡夢一、兩次，用惡夢實際發生的方式在心中重演。

現在，重播第三次，但這次想像你在夢中發現自己在做夢。想像那層頓悟在惡夢中忽然降臨——我正在做夢。想像自己沉著面對恐懼的源頭，詢問對方代表什麼意義。投射愛和接納感給面前這位黑暗人物。對方就是你，所以你有什麼理由不愛它呢？

和惡夢對話

　　有時候，拔除惡夢不需要任何對話，只要正面迎向對手──這可能是你唯一需要的療癒方式。但要抱持好奇心！這是絕佳的機會，可讓你揭露一些自己真正有意思的部分。試著詢問夢中惡魔以下的問題：

- 你為什麼要追我？
- 你想要什麼？
- 你是誰？
- 我為什麼會遇到這種情況？
- 我能怎麼幫你？
- 你代表什麼東西？
- 你有什麼可以教我的？

把惡夢告訴太陽！

希臘人相信有些夢能夠預言未來。做了惡夢之後，他們會在冷水中沐浴，以洗滌淨化自己；還會把惡夢告訴太陽，甚至會為守護神獻上祭品。

　　黑暗魔物在你身後潛行，予人沉重的壓迫感，而且高深莫測。它跟在你屁股後頭已經好幾週了。它猛地撲向前，發出一聲低沉的嘶吼，又撤退到陰影中，注視著你，伺機而動。當我們因為內心的騷動混亂，飽受折磨，會感到自己變得衰弱、堵塞不通，從頭到腳糟得一塌糊塗。

我們的心智因為不平衡，長期困在驚恐中。雖然這一切「不過是場夢」，惡夢卻可能全面影響生活；你的人際關係、工作，還有情緒和生理健康都會受到威脅。把惡夢當成某種路標，它告訴你某樣東西需要你的關心和注意。夢中旅程不是只有玩樂和遊戲。面對惡夢可能是一場挑戰，這段歷險卻會把你變得更快樂、更完整。

重點整理

- 用惡夢誘發夢中的清醒意識，對困擾你的事物追根究柢。
- 令人膽寒的惡夢中人，其最終目的並非要傷害你，而是想傳達訊息，得到你的接納。就像胡鬧的小孩子，只是希望你聽它說話。
- 向惡夢提問，把潛意識中壓抑的惡魔統統釋放出來。
- 揮舞白旗，向衝突投降──你反而會變得更加堅強。面對進擊的惡夢巨人，不要攻擊它，而要用愛和人性面對它。
- 當惡夢肆虐時，出手療癒它的成效會延續到清醒生活，也會帶給你全新的能量。

16

療癒和圓滿

每個人天生都擁有用幻想治癒自己或讓自己生病的能力。

最早發現此事的人是出於意外，

最後發現的人則能駕馭此能力。

——馬克・吐溫（Mark Twain），

作家、幽默大師，沒有讓學校毀掉他的學習

~~~•~~~

西元前四世紀，在希臘南方山巒起伏的鋸齒狀海岸邊，你來到古代最早的醫療場所之一。這座神殿是為了紀念希臘醫神阿斯克勒匹俄斯（Asclepius）而建，他也是太陽神阿波羅之子；此地吸引無數的殘障者和病人前來朝聖，一心祈求身上的病痛能獲得療癒。進入這幾座神殿中，你尋求的不是實際的藥物，而是一個夢[1]。你的肚子咕嚕嚕地叫——因為你為了來朝聖，已數天未進食。你在硬邦邦的石地上躺下，

進入夢鄉，希望神明在夢中顯靈，指引你治癒的方法。神殿牆上刻著前人的事蹟，他們身上所染的病痛，包括失明這類慢性病，據說都在夢境的協助下消逝無蹤[2]。

往後快轉幾千年，如今已沒有夢殿這種東西了，但是我們的身體和心靈未曾改變太多。

科學界已經發現，人的身體甚至無法分辨腦中的思緒和生活中真實發生的事件有何差別。美味漢堡的圖片會讓人分泌唾液，回家作業會教人焦慮，一部爆笑片可讓人笑到全身發抖，而一位俊帥美麗的異性則會引起你……某種生理反應。神經科學家甘德絲‧柏特（Candace Pert）說：「人體的每個細胞都存有心靈的影響。」[3]心智對肉體影響之大，足以翻天覆地。

如果光是電影和漢堡的影像就能讓我們的身體像麻花一樣打結，那麼清醒夢呢？在清醒夢中，你身兼編劇和導演，所有場景都來自你的想像力，感覺起來萬分真實。和一抹單純的想法相比，清醒夢的世界可說徹頭徹尾、每分每毫都真實無比。即使你的肉體躺在床上，做著夢的心所感受到的強烈情緒和知覺，還是會影響到肉體。這樣看起來，古希臘人一點也沒錯：我們可以透過夢境的體驗獲得治療。

當我們建議透過清醒夢自我療癒時，大家通常會抱持懷疑。但是此現象有當今做夢者數百則的第一手報導為證，而此夢療法不僅可以回溯到古代希臘人，包括古代埃及人和世界上許多文化都可見到夢療的蹤影。

用清醒夢自我療癒非常具有實用價值。做夢時，人會斷絕外在世界的一切干擾，有機會直接和潛意識溝通，自我療癒。現代醫學試圖從外在治療，夢境治療則從內在修補。就像催眠一樣，潛意識得到了撫慰。本章中，我們會把夢境治療分成兩類：心理和生理。

心靈治療

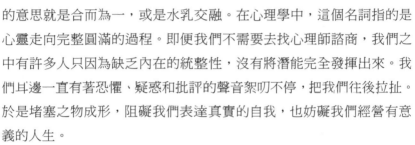

根據心理學家馬斯洛
（Abraham Maslow）所言，
所有治療的主要目的都是為了
達到整合（integration）[4]。「整合」
的意思就是合而為一，或是水乳交融。在心理學中，這個名詞指的是
心靈走向完整圓滿的過程。即便我們不需要去找心理師諮商，我們之
中有許多人只因為缺乏內在的統整性，沒有將潛能完全發揮出來。我
們耳邊一直有著恐懼、疑惑和批評的聲音絮叨不停，把我們往後拉扯。
於是堵塞之物成形，阻礙我們表達真實的自我，也妨礙我們經營有意
義的人生。

許多精神問題似乎都起因於我們對部分自我的壓抑。如果年輕時
經歷過創傷性事件，我們可能會把該段經驗鎖住隔離，以對抗創傷。
心理學家稱此現象為**解離**（dissociation）[5]，而全世界的薩滿巫師稱之
為「失魂」（soul loss）。

所謂健康，是指一個人身心統整一致，記憶、情感、社會功能、
身體……等各部分都連結通暢，形成一個統整的系統。

當某個或多個部分和系統失去連結，就會變得不健康，還會疏離、
麻木、焦慮或沮喪。針對這些問題，你可以尋求治療師的幫助，這沒
什麼不好。但是除了治療，清醒夢也可以成為一種有力的療癒工具。

在夢中變得圓滿

在古英語中，healing（治療、療癒）這個字的意思是「使其完整圓滿」[6]。夢境通常會警告我們問題所在，引導我們走向統整。你可以把夢境想成直覺強烈、非常關心你的母親，把手背放在你前額上，檢查你有沒有發燒。

詳讀你每一篇夢境日誌，問自己：「這些記錄中，是否有哪個夢的內容提到，怎麼樣可以變得更快樂、更圓滿？」我們可以把一般的夢境記錄下來，賦予意義，進一步解讀潛意識傳遞的訊息。然而有的時候，解釋夢境日誌很困難，不是每一回都能知道潛意識到底想說什麼。這時，清醒夢就能派上用場。你可以找到自己遺失的碎片，同時主動探索內在世界。

在一次慘痛的分手之後，我大概有好幾個月都覺得自己不像自己。我對於兩人關係結束的方式感到沮喪、困惑、痛苦不已。當我知道我可以請夢境為我療癒，就開始計畫孵夢，這個夢將治癒我，不再受折磨。幾天後，我做了一個非常鮮明生動的夢。夢中，我和前女友在一起，坐在公園的長椅上。她握住我的手，用溫柔的聲音說：「我想我該原諒你了吧？」我點點頭，深深望入她的雙眼。「我也這麼認為。」醒過來後，我感覺好得不得了，我得到我需要的結局，可以繼續走下去。從那天開始，我對這整件事只感覺溫暖，也能接受這一切。——馬堤·M（MARTY M.）

我發現自己和一個男人在房中交談。我不確定我們在講些什麼，但是外頭陽台上有某樣東西吸引我的注意。我走到陽台上，隨即有一個星體從頭上咻地飛過，我當時覺得那是太陽。接著又出現另一顆太陽，兩顆太陽就這麼在天空中相互舞動。我看著頭上的雲朵開始變化。這些不是地球上的雲朵，是宇宙之雲，我在其中看到數百萬星辰。天空再度改變，這次出現一頭由光線組成的巨大鯨魚。這光之鯨魚在宇宙中泅泳，一如在水中優游。接下來，我看到這世上最美麗的光。那是一種最純淨的白，同時透出驚人的綠、藍、粉紅等漸層色調。我無比敬畏地望著天空，對於眼前景象之宏偉感到謙卑不已。這景象太驚人了，我感動得掉下淚來。房中那個男人從背後抱住我，讓我哭個夠。我感覺自己被療癒了。接著夢境改變，我問我們在哪裡，有人回答：「聖保羅。」接著我聽到一個聲音告訴我非常深的道理：「萬事萬物都根源於聖靈。」我醒過來後感受到一股全新的能量和興奮之情。——湯瑪斯‧佩索

🐝 **歐斯K！大家可以安全出來啦！**運用你的直覺，尋找可能象徵情緒困擾或被壓抑的過往經驗的夢中人物。他們可能以悲傷的人、受傷的人、孩童（你迷失的內在小孩？）的形象出現在你夢中，也可能是由想像力創造出來、較不明顯的象徵物。

🐝 **讓我們重新團圓。**你找到一個人或一樣東西，他／她／它可能代表你隱藏的某個部分。太好了！試著和它團圓。這段相會可能很容易，只要投注熱情的意念「我想要變得完整」，就可以了，因為你遇到的問題很可能是缺乏能量。

如果你遇到充滿能量的夢境人物，或許對方正是你遺失許久、活力四射的自我。試著引出他的能量，敞開你全身的毛細孔將其盡數吸收。

🐝 **創造經驗**。創造意象來療癒自己。如果你很焦慮，透過孵夢、交通技巧或旅行，前往某個原始叢林中的瀑布。在你將全身浸入水中之前，告訴自己：眼前的水能治癒焦慮。找一個前男友（你對他的投射），讓這段關係好好結束。在腦裡想著這些影像和經驗，或許可以把你拉出痛苦的情緒黑洞。

🐝 **小心謹慎**。如果你過往曾經歷十分創傷的事件，問題太過沉重，無法獨自處理，請尋求治療師或專業人士的協助。你還是可以做清醒夢，搭配心理療程。不要害羞，告訴你的醫生關於清醒夢的事，以及你打算怎麼做。

生理療癒和意象的力量

如果心靈的力量強大到足以讓人生病，人也一定有讓自己康復的能力。透過清醒夢治療身體，聽起來很像施展魔法，但若把身、心看成是相連的整體，那麼心靈當然可以影響身體，反之亦然。說到這裡，讓我們暫停一下，以免造成誤解。並不是說清醒夢可以完全取代西方醫學，但是清醒夢可以和醫學治療或療程並用。事實上，許多癌症中心在為患者做化學治療的同時，也提供「意象導引」（guided imagery）當作輔助。意象導引和夢境治療很相似，患者在清醒狀態接受引導，

在練習過程中，他們在腦袋裡憑空設想一些奧妙的意象，例如想像經典電玩遊戲《小精靈》（Pac-Man）中的黃色大嘴巴在體內四處遊走，把癌細胞吃個精光。這些意象都是自我設計出來的，目的是為了促進健康。美國癌症協會（The American Cancer Society）就曾指出：「綜合一九六六年到一九九八年間的四十六項研究，結果顯示：意象引導在處理壓力、焦慮、沮喪、降低血壓、減緩疼痛及降低某些化療的副作用上，有顯著效益。」[7] 除了用於癌症治療，意象引導也證明可以有效輔助過敏、糖尿病、心臟病及腕隧道症候群（carpal tunnel syndrome）的治療[8]。

白天想像出來的意象很有用，但誰說清醒夢不會有更大的效果？正如我們已知的，人的心智無法區辨單一想法和生活中真實事件的差異。而且夢不只是單一想法或是單一意象而已，夢是由五種感官經驗織就的精細織錦畫——是一種全方位的體驗。

一個意象抵過千言萬語

標題這句老諺語形容得很好。你想在清醒夢中療癒自我，唯一需要的就是幾個特定的意象，讓你透過心靈影響身體。說到底，要如何創造個人化、有助於自我療癒的意象和經驗，都隨你高興。然而，確實有一些常用的視覺意象和技巧。在白天想像這些經驗也有效果，我們建議不妨在清醒夢中試試。

有色光芒

當做夢者在自我療癒時，經常會感受到光。試著感受你想要自我療癒的意念，真正去感受它。然後想像一道療癒的光芒從手掌或手指（如電影《E.T.》中外星人指著天空說「HOME〔家〕～」的景象）流瀉而出。大多數的做夢者都覺得光的意象是自療時唯一需要之物，是來自潛意識的有力一擊。

巫毒娃娃

試著把你的疾病或遇到的障礙想像成一個物品或一堆物品。可以自行構想這個隱喻，或是請你的夢幫你一把。舉例來說，如果你的目標是消除大腿部位的疼痛，可以把疼痛想成是一小團火燄燒著一堆乾樹葉。在附近找一盆水把火澆熄，同時想像你現實中的身體疼痛同時被消滅。

治療師

在你的清醒夢中，試著尋找一種動物或一個人來為你治療。可以透過意念，或是對夢境直接下指令：「帶我去找能為我治療的人。」大多數時候會直接出現某個人物。出現的這個靈體是非常強大的象徵物：你的潛意識召喚它出來，給了它力量和權限來治療你。

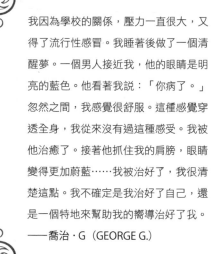

我因為學校的關係，壓力一直很大，又得了流行性感冒。我睡著後做了一個清醒夢。一個男人接近我，他的眼睛是明亮的藍色。他看著我說：「你病了。」忽然之間，我感覺很舒服。這種感覺穿透全身，我從來沒有過這種感受。我被他治癒了。接著他抓住我的肩膀，眼睛變得更加蔚藍……我被治好了，我很清楚這點。我不確定是我治好了自己，還是一個特地來幫助我的嚮導治好了我。

——喬治·G（GEORGE G.）

平衡的動作

所謂健康，不是只有身體好而已。你的情緒、信念，還有內心隱含的世界觀都和健康息息相關，生理上的症狀通常來自情緒或精神上的不平衡。正如我們的好朋友榮格所說的：「毫無疑問的生理疾病和明確肯定的心理問題之間，有著驚人的內在象徵性連結——夢境會顯示這種狀況，而且並不少見。」透過做夢，你可以獲取潛意識的力量來療癒自我。然而請勿忽視醫生的處方。夢境治療和一般醫學治療搭配並用，可以減輕生理病痛，也可以讓情緒、精神及心理健康維持在平衡的狀態。

重點整理

意象對身心的影響很大。

• 你可以在清醒夢中創造出特定、有創意的視覺經驗來治療自己。
• 利用夢境來增進身體健康似乎是可行的。
• 運用夢境和自我失落的部分重新整合，使心靈更圓滿。

17

孵 夢

每個人體內都有未被發現的品性，
能夠像哥倫布那樣發現自己靈魂的新大陸，
是非常有福氣的。
──希奧多・雷德亞・凱勒（Theodore Ledyard Cuyler），
美國宗教作家，喜歡鮮花勝過雕像

　　安娜・金思佛（Anna Kingsford）是英國第一批獲頒醫學學位的女性。身為素食者，她是當時唯一不做動物實驗而能拿到學位的醫學系學生。時值十九世紀末，金思佛作為一位意志堅定的女性主義者、動物保護人士、佛教徒，她每天都在嚴酷的考驗中求生。一八七七年一天早上，她記錄了下面這個夢境：

昨晚我在充滿困惑與混亂的狀態下入睡，苦惱我女兒的照顧和教育問題。我夢到以下情境：我和一個孩子沿著高聳的懸崖邊走著，懸崖下就是大海。步道極端狹窄，內側散落大大小小的岩石。忽然間我聽到耳邊響起一個聲音，回頭發現一位身著漁夫裝束的男人站在我面前……他伸手帶走孩子，說他是來接她的，因為我走的道路只容得下一個人。「讓她來我們這裡。」他補充道：「她會成為很好的漁人之女。」[1]

——安娜‧金思佛，一八七七年十一月三日

先好好睡上一覺。

當我們面對重大的生活變革、必須深思熟慮時，通常會聽到這句建議。當然，這句話的真正含義是「多花點時間考慮（有什麼問題明天再說）」。不過，一旦嫻熟孵夢的簡易之術，「先好好睡上一覺」就有了全新的意義。

現今，我們的社會傾向把做夢視為被動發生在我們身上的事。夢就像是身上發的麻疹一樣——我們躺下來、筋疲力盡地睡去，隔天清晨或許記得少許的殘夢碎片。讀到這裡，你已經開始學習如何在夢裡醒來，但如果在做夢之前就可以決定自己要做什麼夢，又是什麼狀況？當你準備好上床就寢，可以決定一個夢中地點、主題，甚至你想在夢中見到的人。與其讓潛意識發號施令，你可以當家作主，像母雞孵蛋一樣孵出一個夢。

你可以要求夢到多年未見的老友，孵一個駕船到印度洋的刺激航程，或是你想在夢中當一小時的英國女王？任君挑選。

你不用先進入清醒夢狀態再開始孵夢。所謂做清醒夢，是置身夢中才去影響夢境；孵夢則是上床之前就設好場景舞台。等我們解釋完

孵夢的簡單練習法，就會接著討論你要怎麼將孵夢和做清醒夢結合。這是聯合兩大利器的殺手級混合心法。

抓一隻死掉的天竺鼠在你身上摩擦

孵夢並不是什麼新鮮玩意，古代埃及人早就有孵夢儀式。在當時，人們遇到重大問題或困難，就會動身前往夢殿；在夢殿裡，他們和某位特定的神明更加接近。埃及人民在夢殿中入睡前，會先將問題提給神明。然後進入夢鄉，希望在夢中得到關於解決煩惱的聖諭。[2]

孵夢技巧在地球上其他地方也一樣蓬勃發展，還往往發展得相當詭異。祕魯的蓋楚瓦（Quechua）印第安人會施行

> 我詢問我的夢境，所謂成熟或成年對我的意義為何。是力量、知識，還是責任？我夢到一個羅馬時代中庭的圓形水池，池子周圍繞著一圈連柱拱廊，一半在陽光下，一半在陰影中。那是一個美人魚的棲息之地，平常不輕易讓人靠近。但出乎我意料之外，她邀請我進入池中游泳，告訴我：「除非愛逝去，否則我不會死。」「我……我不太瞭解妳這話的意思。」她露出微笑說：「只要還有人有能力去愛，我就會一直活著。」——克里斯·W

一種孵眠儀式，儀式一開始用活生生的天竺鼠在患者身上從頭到腳摩擦。如此反覆進行，最後天竺鼠死亡，再將小動物的皮剝下，研讀牠的血液和內臟，來為患者診斷。其他方法還包括夢前禁食、睡在樹上，甚至把藤條和繩索放進患者的皮膚下[3]。

別擔心，我們不會要求你禁食，或是用天竺鼠在你身上摩擦。事

實上，若你把誇張獵奇的部分刪去，孵夢非常簡單，只要把心準備好，讓某個特定夢境發生。就這樣而已。

在這些文化中，誇張的戲劇效果扮演一個很單純的角色：使做夢者相信他們的願望會被應允。儀式之所以有效，是因為它們為孵夢這個想法添加了重量感和重要性。但是如果你信任做夢的過程，就不需要這些詭異的儀式，只需要堅定的意念。

想要夢見自己在月球上？上床前，許願做一個在月球上的夢。想知道你是否該換工作？孵一個夢來幫你找出答案。

一項一九九三年的研究顯示了孵夢的效用。哈佛醫學院有七十六名學生被教導如何孵夢。接下來一星期，這些受試者入睡時必須試著孵一個夢來解決某個特定問題。有一半的學生事後回報，他們的確做了和問題相關的夢境。「這些（做了夢的）學生中有七〇％相信夢境中包含解決問題的方法。」這是該研究最後的結論。這些學生的夢境日誌都經過評審的考核判斷，確認可信 [4]。

如何孵夢

1. **快速記下你的意念**。想要去火星上用西式毛鉤釣魚（fly-fishing）？寫下來。想要和北極熊一起開派對？意念愈明確愈好。明確的意念會傳遞清楚的訊息給潛意識。甚至可以提出你希望在夢中找到解答的問題，例如：「我在大學應該主修什麼？」如果你真打算提問，請避開是非題，因為是非題容易導致非常模糊的答案。

意念愈鮮明、愈真誠，就會愈有效：「我想在地中海泡腳」會比「我想要去海邊」來得有效許多。通常，只要在睡前重複設定幾

次意念就可以。出現的夢境可能不會和你想要的一模一樣，但是會非常接近。

　　以下是一些夢境範例，可以孵孵看。但說穿了，除了想像力有所限制，要孵什麼夢都可以：

- 我將夢到自己在日落時分駕著一架紅色小飛機在飛行。
- 我將夢到自己變成一個既專心又勤奮好學的學生。
- 我將夢到自己看到一個新的雕刻靈感，而且已經創作出來。
- 我將夢到自己夏日時分在兒時老家閒晃。
- 我將夢到祖母給我關於婚姻的建議。
- 我將夢到我和未來（二十年後）的自己對話。

2. **畢卡索，了不起！** 畫一張畫來搭配你寫下的意念。畫一個特定的意象，讓它簡單明瞭。試著在夢境日誌中用圖文記下你的意念，記在日誌的左頁。之後，當你隔天早上醒來，把實際做的夢記在右頁。這樣一來，在閱讀夢境記錄時，就很容易看出自己的意念（左頁）是否和結果（右頁）相符。你會很驚訝你孵的夢有多常破殼而出。

3. **把意念放在枕頭下。** 這個作法聽起來可能有點迷信，彷彿你在等待夢妖精的造訪，扔一塊鎳幣給你似的。不過請記住，做夢和心靈有關，如果可以多傳達一個訊息給大腦，表示你想孵夢，為什麼不試試看呢？把你用文字或圖像記下的意念放在枕頭下，說不定夢妖精真會路過你的枕邊稍事停留唷。

4. **創造屬於自己的儀式。** 每個人都有屬於自己的儀式行為：起床、沖

澡、上車……等。孵夢之前，想一個會讓孵夢過程變得專注、有趣而重要的程序。在睡前洗澡，聽一首特別的歌——怎樣都行，除了點蠟燭以外（除非你想要在臥室裡孵一場小火災）。就像古代埃及人，創造一個神聖的空間，只要對你來說有意義的事都可以，專心一意在你想孵的夢上。

讓蛋保持溫暖

就像雞蛋需要母雞的許多溫暖才能孵化，你也需要給你的夢一些關愛，表現熱度的方式就是熱情。請記住，良好意念的關鍵原則是「精力湯」。你對自己的欲望投注愈多熱情，孵夢過程就會愈順利。

你的潛意識可以分辨出你對此事是否真的用心。

如果你很隨便求一個夢，例如「在公園度過快樂的一天」，潛意識也會以同樣的消極態度對待你的意念。但如果你能全心全意貫注在意念上，帶著燃燒的欲望和急切，潛意識也會用同樣的能量來回應你。

基本上，孵化結果最好的夢都和祈求療癒、消除深層的失落，或其他高度情緒性、火燒屁股的意念有關。如果你的意念還沒充飽情緒，就學學那些最偉大的演員，找個方式將意念和深處的情感串連起來。

舉例來說，如果你打算飛越雲層，想像那種經驗會帶給你什麼樣

的感受。或許飛行的感官刺激可以幫助
你減緩清醒時為之所苦的焦慮問題。你是
如此想要解決這個問題，因此潛意識會前
來幫忙，給你一個飛行夢。如果你打算穿
越兒時老家，就想像所有和老家相連
的濃厚懷舊情感、痛苦或愛意。

孵蛋

　　入睡過程中，在腦中重複你的意念，記得要不斷想著特定的一句
話。想要達到最大效果，孵夢之前執行「醒來再睡」技巧。這一次，
你不是要在夢中恢復意識，而要專心想著凝聚你所有意念的意象。在
腦中想像所有和該意象相連的知覺感受和記憶，讓心靈完全沉浸其中。

　　當你一醒來，馬上回想並記錄夢境，寫得愈詳細愈好。夢中可能
隱含重要的訊息、指示或美好的感受，這些都可以收進口袋，留待白
天清醒的時候用。

　　湯瑪斯的繼母體驗到夢境的治癒力。十年來頭一次，她終於再度
擁抱到她父親，只需要向潛意識求一個夢，就這麼簡單。她從不知道
這件事可能發生，而今卻美夢成真。這段記憶將陪伴她度過下半輩子。

我繼母的父親已經過世近十年了。一天傍晚，我和繼母談到做夢，特別是和清醒夢相關的事。我告訴她：「如果現在是在夢中，妳想做什麼？」「我想見到我爸爸，」她說：「我想再次聽到他的聲音。」我告訴她這是可能的，當晚她就透過孵夢讓這件事情發生。那天晚上，她帶著熊熊燃燒的強烈欲望上床睡覺，一遍遍重複在夢中見到父親的意念。第二天早上我起床後在廚房看到她，她眼裡噙著淚。「我看到他了！我看到我爸。那真是太真實了，他就和我在客廳裡。我和他說話，還擁抱了他，我可以感受到他的存在。我簡直不敢相信這一切！」——湯瑪斯・佩索

孵出清醒夢

至於做夢的其他層面，在夢中恢復意識開啟了許多嶄新的可能。我們把賭注提高一點，把**清醒夢**這個字丟進孵夢的過程中。首先，先把孵夢當作在夢中恢復意識的方法。

更進一步，如果在孵出的夢境中恢復意識，那個夢就會變得更有用，威力更強大。

利用孵夢來啟動

史蒂芬・賴博格和霍華德・瑞格德（Howard Rheingold）在他們的著作《夢境完全使用手冊》中，提出將孵夢作為啟動的開關。假設你

要孵一個關於駕駛飛機翱翔的夢，睡前花一個小時刻意觀想飛機的內部構造，感受強風吹拂在你臉上，以及身旁飛過的片片雲朵。在你還沒意識到之前，就已經身在飛機裡、感受這一切。「等一下，」你心想：「這就是我要孵的那個夢嗎？我現在一定就在那個夢裡！」因為有高度的自覺和清楚的意識，你經歷的一切會更加強烈。

布置舞台場景

雖然許多清醒夢就像在沙堆中玩耍一樣毫無目的，刻意孵出的清醒夢則能讓你追求某個特定目標。舉例來說，與其浪費寶貴的時間在夢中尋找去世的祖母，你可以讓夢境一開始就坐在祖母家的客廳，望著她微笑的臉龐。你可以藉此解決某個難題、和特定人士談話，並找到你尋求的正確指引。你已經要求潛意識為你的清醒夢布置好舞台場景，現在該你上場演出戲中的角色了。

拍拍翅膀

還記得美國童書作家伊斯曼（P. D. Eastman）的繪本《拍拍翅膀》（*Flap Your Wings*）嗎？讓我們為你複習一下書中故事。有一天，一顆蛋掉到鳥先生和鳥太太的巢裡，這對夫妻很好心，決定把這顆蛋當作自己親生的來孵。夫婦倆花了很多心力關愛、照顧這顆蛋，某一天蛋孵化了。出乎鳥先生和鳥太太的意料之外，他們領養的孩子是一隻長相很怪異的鳥，有著長長的綠色大嘴和尖銳的牙齒——牠們居然孵出

一頭小鱷魚！鳥先生和鳥太太會棄這隻危險的獵食動物於不顧嗎？不，牠們還是把牠視如己出，撫養長大。

孵夢過程中，像鳥先生和鳥太太這樣的故事經常發生——你不一定會得到你冀求的夢境。當你對夢境提出問題，不要期望會得到一個簡潔的答案。舉例來說，如果你問：「我是否應該去念法律系？」不要期待你的夢一定會回答你：「當然嘍，這個計畫聽來不錯，我推薦哈佛大學法律系。」

當你對夢境提出問題，通常會得到充滿象徵符號和密碼的答案，就好像夢試圖告訴你某件事情，但到底是什麼？古埃及人為了解碼，會尋求夢祭司（dream priest）的協助[5]。如今，許多人會查閱解夢辭典，只是此舉通常會誤導我們。針對不同的符號，解夢辭典只提供泛論式的定義，但是你的符號絕非泛泛之論；對你和你經歷過的一切來說，這些符號是非常私密的。

要是你被這些加密的夢語言搞得很挫折，一點也不令人意外——為什麼我的夢不講白話文？你的潛意識並無意讓你困惑或折磨你，你可以這樣想：你的夢境想傳達的訊息沒辦法用某一種語言來總括。或許潛意識提供充滿隱喻的經歷（夢）的原因，是為了用比較深的層次和你溝通。要如何詮釋自己的夢境是你的自由。你的直覺是什麼？

因此你可能以為自己在孵一隻鳥，直到「喀啦」一聲，一隻鱷魚破殼而出。假使你得到的夢境和原本期待的不一樣，不要沮喪。你的潛意識正試圖回答你的問題，只不過沒用你預期的方式回答。你的潛意識比你還聰明，而且回答的可能正是你**早該**提出的問題。

重點整理

- 所謂孵夢，就是在做夢之前決定你想做什麼夢。
- 孵夢是一種施行數千年的古老技藝；做夢者藉此尋求指引和療癒。
- 想要孵夢，只需要熱切、明確、可觀想的意念。
- 利用孵夢來為清醒夢布置舞台場景。
- 不要奢望你的夢會提供明確簡潔的答案。

清醒導入的清醒夢

意識可以經由鍛練離開肉體。
——達賴喇嘛，
世上最偉大的精神領袖之一，
本文寫於第十四世轉世

　　我們已經告訴你怎麼利用最典型的技巧在夢中恢復意識。夢境導入的清醒夢（DILD）是藉由自發性的理解而觸發的清醒夢[1]，有七二％的清醒夢都是透過這種方式引發的（見第九章）。希望你已經藉由此技巧成功做了一些清醒夢；如果還沒成功，我們相信那天很快就會到來。

　　但是其他二八％的清醒夢呢？沒錯，還有其他做清醒夢的方式，

黎明時分，我被一則簡訊吵醒。我覺得這是進行「醒來再睡」的好時機，於是再入睡時心裡想著：「好，我接下來會去的地方就是夢中。」我閉上雙眼，瞪著眼前的一片黑。我可以感覺到身體的疲倦，然後慢慢變得沉重。幾分鐘後，我感覺到自己更放鬆，幾乎處於麻木的狀態。我開始聽到一些聲音，時不時會聽到「噓」的聲音，有點像茶壺燒開的噴氣聲。我默默觀察這一切，將注意力集中在前方的黑暗。我等著影像出現，並提醒自己：接下來看到的影像就是夢中影像。又一次，我聽到那個聲音，這次變得大聲且急促。我一定很接近了。接下來，我感覺自己好像在移動，身體好像被抬高，在床的上方來回移動。我等待張開眼睛的時機。我不想在夢境還不成熟的時候就醒來，然後又從頭來過。我告訴自己要保持冷靜，順勢而為。如果我可以等這一切結束，在我意識到之前就會置身清醒夢中了。終於我不再移動，我睜開雙眼，我在床上轉了一整圈。這是我自己造成的嗎？我在做夢嗎？我跳了起來，結果飄浮到天花板。中獎了！我進來了。——湯瑪斯·佩索

本章就是要來介紹第二種更奇特的誘發方法。這種方法要運用自如比較困難，威力卻非常強大，也很可能改變你的人生。薩滿和瑜伽修行者修鍊此法已有數千年之久。

一旦你掌握到訣竅，就可以隨心所欲地做清醒夢，任何時候都可以。這個技巧是由史蒂芬·賴博格所創造改良，稱作「清醒導入的清醒夢」（Wake-Initiated Lucid Dream），簡稱 WILD[2]。

清醒導入的清醒夢和其他清醒夢最大的不同點在於：欲做夢的個體必須直接由清醒狀態進入清醒夢的狀態，兩者之間沒有任何意識上

的斷層。是的，你沒聽錯，當心智還維持清醒、有意識的同時，看著自己的肉體入睡，這件事是可能的。對清醒夢做夢者或平常人而言，直接從清醒狀態跨入夢中可說是最獨特、最非凡的經歷。雖然我們對於無聊的縮寫字沒興趣，但 WILD 的確恰如其分地描述它代表的經驗——狂野。你從來沒想過會發生這種事？很好，這整件事可說如假包換，而且你很快就會知道要怎麼實踐。

「清醒導入的清醒夢」到底是什麼？

清醒導入的清醒夢背後的概念很簡單：當身體入睡時，讓心智保持清醒。換句話說，你想要有意識地入睡。這了不起的絕技歸根究柢只有一個簡單的概念：讓身體完全放鬆，但同時保有清楚的意識。

這種轉換提供一條直接通往清醒夢的通道。幾分鐘前你還醒著，接下來卻能走進夢境的入口，就好像通勤上班一樣。運用此法，你不需要進入夢中再恢復意識，因為你的意識打從一開始就沒有離開。

請記住，夢中的清醒程度是一道光譜，而不是二元的非開即關。一般狀況下，清醒導入的清醒夢擁有非常高的清醒程度——你的意識非常穩定，而且能長時間持續，讓你對內在風景施以完整而有意識的影響力。

體驗過程

你的第一個「清醒導入的清醒夢」可能很強烈，甚至非常嚇人。你可能會聽到聲音、感受到奇怪的身體知覺，如嗡嗡聲或「震動」、看到影像閃過，甚至在跨越清醒和夢境之間的門檻時產生幻覺。以上這些現象都很正常，請勿擔心。如果你參加過英國搖滾樂團平克‧佛洛伊德（Pink Floyd）的現場演唱會，那你應該很清楚那會是什麼情況。

所以，到底要怎麼做才能有意識地入睡？

微明狀態

太陽每天都會西沉，在黑夜降臨前，我們會經歷白晝到黑夜的轉換階段。黃昏是實體世界讓渡給陰影和內省的時刻；睡眠也一樣，清醒夢做夢者將這段時間稱為「微明狀態」（twilight zone）。雖然英文是一樣的字眼，這裡指的並非美國一九六〇年代的經典電視影集《陰陽魔界》。微明狀態指的是沉睡和清醒之間的模糊地帶，法國人稱之為 dorveille。這是進入清醒導入的清醒夢的跳板。

當我們夜晚躺在床上、半睡半醒之際，會經驗到幻覺般的影像、形狀、聲音、色彩，還有各種想法。根據俄國物理學家阿爾卡迪‧密格道（Arkady Migdal）的說法，這種中繼狀態，也就是「意識和無意識混合之處」，正是發揮創造力的最佳狀態[3]。

此時，我們日常心智的邏輯、分析功能暫時中斷，微明狀態允許影像和創意連結自由流竄，直覺式的印象也會浮上表面。事實上，歷史上有許多偉大的思想家和神祕主義者都曾善用這個流動的狀態。羅

薩滿、瑜伽修行者及其他神祕主義者

「清醒導入的清醒夢」讓我們想起薩滿巫師幾世紀以來的諄諄教誨。我們不需要睡著才能做夢。對薩滿來說，要進入靈魂的領域，轉換意識即可。薩滿認為靈魂存在於許多不同層級的世界，與物質世界平行存在、同步發生。他們相信，只要能轉換注意力，任何時間都可以進入這些境地。對他們來說，清醒導入的清醒夢是通往夢境世界的直達之路。只要他們高興，隨時都可以進入清醒夢中。[4]

柏·摩斯稱之為「解答狀態」（solution state），因為有無數科學上的重大發現和突破，都產生於這半睡半醒之間的交會點[5]。

據說愛因斯坦就是利用這種特別的狀態獲得視覺意象，幫助他建構出理論思想。一九〇五年，他進入了微明之界，再回過神時，相對論已經在他腦中打轉[6]。提出原子結構、獲頒諾貝爾獎的物理學家尼爾斯·波耳（Niels Bohr），也是在微明狀態看到原子核的意象，電子繞著原子核打轉，就和太陽系中的太陽和九大行星一樣[7]。

不管是薩滿、西藏瑜伽修行者或神祕主義者，他們都知道這塊邊緣地帶的重要性。微明狀態可以作為跳板，讓人接收到直覺的影像，或是進入其他平行世界。他們知道這個中介狀態能提高精神的力量。如果你對直覺、心靈感應（telepathy）、透視能力（clairvoyance），或是其他這類「微妙」的能力感興趣，那麼微明狀態會是你的遊樂場。

當我們入睡時，大多數時候我們會直接飛越微明狀態。在頭沾上枕頭的一分鐘內，我們就像在迪士尼樂園瘋了一整天、最後倒在搖籃中的小孩，立馬不省人事。羅柏·摩斯建議我們練習在微明狀態中待久一點，他認為這是做清醒夢的最佳方式。他說：「如果你可以發展

這項能力：進入放鬆狀態、讓意識自由流動，並維持這個狀態不變，影像就會自動出現。」[8]

如何執行「清醒導入的清醒夢」

接下來你會發現，清醒導入的清醒夢技巧，開頭幾個步驟和做一般清醒夢很像。舉例來說，「醒了再睡」對任何技巧都很重要。背後邏輯是一樣的：抓住最後一個快速動眼期（REM），可以讓你直接進入夢中。若進入幾近催眠放鬆的狀態也很有幫助。要抱持有趣、好玩的態度！愈想強迫誘發清醒導入的清醒夢，就愈難進入。「放鬆」這件事是強迫不來的，這不是比賽。

你就讓身體執行它的天職——睡覺。除了放鬆、享受整場表演，清醒導入的清醒夢再無其他的要求。

準備：醒了再睡

1. **設好鬧鐘**。把鬧鐘設在平常起床的一或兩小時前，好抓住最後一段快速動眼期。

2 **醒過來**。清醒後保持清醒十五到二十分鐘，就和前面章節教過的一樣。你可以讀書、上廁所、織毛衣、算乘法。讓頭腦恢復清醒，但是移動要緩慢，讓身體保持放鬆狀態。

REM 肌肉麻痺

REM 肌肉麻痺（REM Atonia）是身體設計的自我保護機制。進入 REM 睡眠後，你的身體在生理上完全處於癱瘓狀態。大自然在人體內建造了這個機制，以免我們把夢中情節化為實際的行動而傷到自己。簡言之，身體整個關機，做夢的時候，身體完全無法動彈[9]。如果做夢時身體行動自如，大概會有很多人跳出窗外，因為他們以為自己可以飛；有人可能會在廚房流理台上彈奏馬林巴琴（marimba）；也有人會忽然揍枕邊人一拳。謝天謝地！還好有 REM 肌肉麻痺！此外，你可能會覺得夢遊和 REM 肌肉麻痺有關，但這樣想就錯了。夢遊都發生在非 REM 的睡眠階段[10]。

放鬆

3. **躺回床上**。現在專注在呼吸上，把身體可能儲藏的緊張感統統釋放。感覺床鋪是多麼地舒適。把注意力集中在眼前的黑幕，但是不要被思緒帶著走。只要讓思緒自行飄進來、飄出去就好。這階段的訣竅在於找到放鬆身體和警醒心智間的平衡。史蒂芬・賴博格把這個狀態稱之為「維持注意力的放鬆」（attentive relaxation）[11]。

轉換

4. **睡前意象**。從微明狀態轉換到夢境世界時，應該會在緊閉的眼皮下方，看到隨機出現的一條條色彩或光線在跳舞。有時候，它們會以影像的方式出現，但並非連貫的故事，就好像拿遙控器快速轉台時

的電視畫面一樣——這就是睡前意象，我們每天入睡時都可能經驗此狀態。恭喜，你快要睡著了！

5. **深化（Deepening）**。你的身體會開始覺得沉重或麻木，對外在世界的知覺也逐漸消逝，同時你可能會接收到其他的感覺，如聽到嗡嗡聲或是感覺到振動。這就是 REM 肌肉麻痺的開端，你每次要進入夢鄉時，身體都會經歷這樣的自然過程。基本上，肉體完全處於癱瘓，但是心智依然清醒。再過幾秒鐘就到了！盯著前方的意象，直到其中一幅變得非常清晰。這個明朗化的意象會在眼前停留好幾秒，最終朝你移過來（或是你朝它移過去）。這個意象會把你完全吞沒。

6. **中獎了**！恭喜你進來了！你剛從清醒世界直接進入清醒夢中。提醒自己正在做夢，探索一下周遭環境。和夢中人物交談、飛行、寫一首詩、打造一間海灘小屋、尋求人生重要問題的解答；也可以放輕鬆，好好品味夢中的意識世界。

「清醒導入的清醒夢」的訣竅

🐝 **放鬆**。你的身體知道該做些什麼。如果你無法再度入睡，可能是你想太多了。心智保持警醒，未必要花腦力思考。試著把腦袋清空，建立一種似有似無的覺察。想像你在觀賞一部很棒的電影，好好享受一下。

🐝 **不要動**。身體動來動去只會延長整個過程。專注於釋放體內所有緊

215

張，並仔細感受床鋪有多舒服。

🐝 **手舉起來**。如果太快睡著、失去了意識，試試看這招：舉起前臂，和上臂保持垂直，就好像被固定住一樣。當你的意識飄進睡眠，手臂會自然掉回床上，藉此提醒你的目的。如果有必要，可以重複這個動作。你的身體在幾秒鐘之內就會睡著。

🐝 **保持專心**。要做到這點很難。在肉體關機的過程中，要不斷提醒自己不要忘記自己的意念。你可以嘗試數：「一……我在做夢……二……我在做夢……三……我在做夢……」當身體入睡時，這樣做可以幫助你專心。

🐝 **小心假清醒**。「假清醒」（false awakening）是一種常見的現象，你誤以為自己醒了，但其實上，你置身在一個非常真實的夢境。我們曾經坐在床上，寫著夢境日誌，以為自己顯然處於清醒狀態，最後卻再次醒來，發現頁面上一片空白！因此，一定要記得檢查現實面。你現在正在做夢嗎？

重點整理

• 如果你想隨心所欲地做清醒夢，請學習「清醒導入的清醒夢」。

• 「清醒導入的清醒夢」就是：有意識地入睡，讓身體自然沉入夢鄉，同時你，也就是你的意識，依然保持清醒。

• 練習在微明狀態消磨時間：這裡是通往清醒夢的跳板。

• 放鬆，讓身體自然入眠，同時不著痕跡地把注意力放在眼前的意象。等其中一幅意象變清楚，再靠近它。

第 六 部

下一個邊境

The Next Frontier

歡迎來到本書最終章。你去過許多地方，看過許多風景，但是等一下，先不要急著把行囊解開，也不要把帆放下，你才剛啟程而已。身為船長，你可以發號施令，航向充滿無限可能性的世界去探險。夢中世界還有許多地方等著你去發掘、許多事等著你去做、許多新點子等著你去實驗，還有許多新事物等著你去發現。

第一次航向夢境世界，我們就像初入大學聯誼會的新鮮人。夢境中可以飛行、隱姓埋名盡情享受性愛、打一場火球大戰，還可以從事各式各樣新鮮好玩的趣事。我們不覺得這些活動有什麼好可恥的。一旦移除清醒世界的各種限制，有些事你就是會想玩玩看：拋棄重力的束縛、引誘叢林女妖、進入太空旅行等等，都是讓人感到解放的體驗。

進入大學第二年，我們轉而尋求清醒夢的協助，解決日常生活中遇到的問題。練習拔除惡夢和孵夢將豐富我們的生活，讓我們感覺更加完整。至此，夢境旅程由好玩轉為深刻。

接著畢業季節到了。這時候，該超越個人侷限，進入所謂「超個人」（transpersonal）境界。於是我們暫停遊樂，暫緩探索未知世界的行動。航向地平線之時，我們的觀點和哲學將受到挑戰。

現在，我們邀請你來探索更大的宇宙——探測夢境的真正本質，更熟悉自我。夢境世界和清醒世界似乎是兩個完全不同的現實面；我們可以檢視這兩個世界以何種方式交會，也將看到清醒夢怎麼顛覆整個文化和社會。

到目前為止，我們談了很多關於如何做夢的事，但更重要的問題或許是：為什麼我們會做夢？

19

認 識 自 我

知人者智，自知者明。
——老子，作家、哲學家、美髯公

~ • ~

旅程

　　許多神話、傳說及古老民間故事，講到英雄故事，多半是修鍊成長後出發歷險，一路上克服種種挑戰，最後找到寶藏或是拯救某個小鎮免於毀滅。這類經典旅程不只是為了讓我們讀了高興而已，正如義大利的瑟納貞女聖加大利納（St. Catherine of Siena）所言：「英雄們踏上旅程、對抗惡龍，並發現寶貴的真實自我。」[1]你就是你生命故事中的英雄，你的旅程將帶你找到世上最偉大的寶藏：發現自我。

通往自我潛意識的大道

「夢的解析是通往心靈潛意識活動的大道。」[2] 佛洛伊德此言談到的就是人類心靈的深層部分。他堅信我們體內一定存在某些更深沉的層面，裡頭包含被壓抑的記憶、潛在的想法、信念和情感。我們本身並不知道這個地方的存在，但是清醒時的一舉一動和感受還是會受到這些因素影響。佛洛伊德認為心理治療的角色在於發掘這層「潛意識」，將其攤在陽光下。他認為，藉由統整個人的意識和潛意識，可以讓生活產生劇烈而徹底的轉變。

我們為何會有某個舉動？為何有時會發現自己反覆陷入同一種狀況或情境？讓我們無法充分享受生活的內在阻礙到底是什麼？我們的生活是由內在世界雕塑而成，但如果我們只是想像及埋藏在最底層的這一切製造出來的產品，那麼要如何控制生活呢？如果有什麼工具可以挖掘出隱藏的內在思緒和感情就好了！

你很清楚我們試圖引導出什麼答案。夢可以作為映照潛意識心靈的鏡子。當我們清晨回顧前一晚的夢境，就在偷窺我們的內心世界。看到縈繞腦中的個人習性、各種想法、恐懼、不斷重複的模式，透過夢境語言的編碼後統統出現。看見這些元素，把它們帶到覺知的層面，等於將這些元素從潛意識中拉出來，介紹給我們的意識認識。正如佛洛伊德的繼承者榮格所言：「人類的任務就是意識到從潛意識升上來的內容。」榮格相信，往內觀並探索內在宇宙，是更加瞭解自我並達到圓滿完整的路徑[3]。我們對此再同意不過。

當然，一般的夢境也能揭露一些內在的有趣事物。如果是清醒夢呢？由於在做夢狀態下，我們的意識是清醒的，得以和心靈的廣大風

景直接溝通。透過清醒夢，我們可以和所謂的「自我」（Self，又可稱為大我〔higher self〕、潛意識自我、神、靈魂、宇宙——要怎麼稱呼都可以）互動。

　　清醒夢能夠引導出了不起的體悟，幫助你找到在瘋狂生活中過日子的方法。下次在夢中意識到自己在做夢，記得提問，並好好利用個人潛意識的無邊智慧。以下是一些訣竅：

🐝 **找一位嚮導／動物指導靈**（spirit animal）。不論是找一隻動物、一個人或一架紙飛機都無所謂。不管外形為何，盟友在你探索內在世界的過程中都有莫大的助益。對嚮導提問，要求它帶你去一個富有意義的地方。

🐝 **在夢中解釋夢境。** 不用等到清醒之後才解釋夢境，置身其中時就可以開始了。把潛意識想像成一位睿智的老者，像《小子難纏》中的空手道大師宮木先生，是你個人的專屬教練。要求夢境展現洞見，接著觀察潛意識揭露什麼；當夢境漸次開展，對發生的事件和出現的人物提出解釋。一旦在夢中恢復意識，試著對夢境說這句很棒的話：「讓我看看我必須知道什麼。」然後就好整以暇地慢慢欣賞。運用直覺來解釋夢境，不要有任何壓力，盡情發揮你的想像力。

🐝 **跳脫框架思考。** 不用害羞——不要再玩手指了，要提出大格局的問題。檢視自己對空間、時間、直覺和覺知有什麼樣的信念，並且挑戰這些信念。就當作好玩，不要覺得這件事聽起來像落落長的哲學課而感到害怕。可以思考一下一些存在主義的謎題：

- 我是誰？
- 我在哪裡？
- 神是什麼？
- 時間和空間是什麼？
- 這具身體真的是我嗎？
- 我的靈魂是什麼樣子？
- 我死的時候到底會發生什麼事？

以上這些問題之所以為大哉問，不是沒有原因。

🐝 **觀察夢中環境**。你置身何處反映了你的自我。可以觀察四周，甚至和夢中各種元素互動，進一步瞭解內心的運作方式。你在清醒夢中置身繁忙的城市街道上，還是寧靜安詳的湖邊，或是熟悉的家中？夢中置身何種場景絕非隨機的意外。舉例來說，如果你發現自己在一棟屋子裡，探看不同的房間，就可以記下房間裝潢、屋況，甚至空間大小。

上樓查看一下閣樓，說不定你會發現一些玄虛。再去地下室探個險，找找看有無深藏的記憶。不要只是呆站在屋裡，去和環境互動，要求它把祕密揭露給你。

魔鏡，魔鏡

那一天終於到來，
比起盛開綻放所冒的風險，
緊守在花苞裡的危機更加折磨人。
——阿娜伊絲・寧（Anaïs Nin），
法籍古巴裔作家、一流的情色文學作者

⌒ • ⌒

　　就像我們照鏡子穿衣、梳理頭髮、擠青春痘一樣，夢境可以作為我們看見自身倒影的工具。即使在很粗淺的層次，有時早上起床後照鏡子，就會發現自己看起來糟透了。這可能逼得我們去洗澡、刮鬍子、換件衣服……等。少了鏡子，我們就不知道該怎麼改變。同樣的道理，如果我們深深望入夢境中，卻發現自己以某種連我們也不喜歡的方式扭曲了，那又會如何？「我在夢裡為什麼會把那位老太太揍成一團肉泥？」你會問：「那代表什麼意思？」

　　你的內在倒影可能包含某些你不喜歡的部分。當你發現這些面向的時候，不用擔心。這就是夢境最重要的一環：提升當下的意識層次。奧妙之處在於：當你看到某件事、意識到它，就能改變它。馬斯洛對這點非常瞭解，他說：「想改變一個人，就一定要改變他對自己的覺知。」[4] 你的夢境都是些什麼呢？這些夢又帶給你什麼樣的感受？它們想要告訴你什麼？你在夢裡經歷的一切很可能是非常個人的警示鐘。

　　就像一面鏡子，我們可以利用清醒夢來檢視侷限性的信念或是潛意識的傾向，這些

東西可能讓我們停滯不前。無論如何，我們都在尋找自我的旅途上。清醒夢可以用來和過去的自己重新連結，找出我們真正的目標，進入深沉的智慧，並學到更多關於「現實」的怪玩意。有了這些知識做後盾，就能信心滿滿地在人生的旅途中往前邁進。

　　不管你的旅程為何、信仰為何、出生在何方、成長於何地，探索夢境都可以讓你瞭解真正的自己。

重點整理

- 清醒地做出決定，多多關注你的內在生活，包括夢、思想、感受及來自潛意識的信念。
- 像照鏡子一樣凝視夢境，省視所見之物。生起愈多自我覺知，在面對自己的思想和行動時就愈能從容不迫。
- 清醒夢提供獨一無二的機會，讓我們有意識地探索內在的自我；一旦進入清醒夢中，還可尋求知識或指引。
- 藉由清醒夢，我們可以開始將潛意識和意識融合，進而揭露更多的自我，更瞭解自己。

20
清醒 vs. 做夢

思想為實體。
當思想結合明確堅定的目標、堅持不懈的毅力、
炙熱燃燒的欲望，就會成為非常強大的實體。
——拿破崙·希爾（Napoleon Hill），專門闡述成功之道的成功作家

　　撰寫此書時，我們的清醒夢經驗在現實生活中出現了一些轉折。我們的生活有了顯著的轉變——不只是夢中人生，還包括每天的日常生活。夢境世界的體驗迫使我們因好奇提出一些問題，例如：現實世界和夢境世界的關係為何？我們在清醒夢中學到的教訓和準則適用於清醒生活嗎？夢，尤其是清醒夢中的體驗，能告訴我們關於自己及這個世界的何種真相？

進一步探索這些拼圖碎片，我們發現做夢和清醒之間的確有非常多的關聯性。我們認為這些連結對於任何希望改善日常生活的人來說都有很大的助益。本章接下來就要看看這些關聯。

我們同在一起

我站在屋頂上，俯瞰著都市風景。一陣清明感向我襲來，周遭整個世界和我自己似乎開始向外擴張。我可以用更大的格局來理解我所在之處，也感受到我和身處的宇宙之間有更深刻的連結。我和萬事萬物相通，即便是四周的空氣，感覺起來也被鑲入這種非常親密的存在感——也就是「我」。我覺得自己同時是整個世界的創造者和觀察者。我感受到全身戰慄、振動，力量灌進全身。整個狀態真是難以言喻，讓我感動得流下淚來。 ——喬登‧F（JORDAN F.）

當然，我們都聽過一句話：「我們並不孤單。」沒問題，這句話我們很清楚，但是在夢中，你可以實際體驗到這個崇高的哲學概念。在夢中，萬事萬物：不管是一顆石頭、一根羽毛、一位夢中人物都浸透了意識。萬物即是你，你感受到這層親密的連結，甚至周遭的空氣、事物之間的空隙，感覺起來都鮮活而有意識。若非如此，你以為你怎麼憑空變出一件物品或一個夢中人物呢？我們不是在做哲學的假設；在夢境世界，一切彼此相連。

那麼真實世界呢？

左邊這則故事非常驚人，但更驚人的是：喬登是在清醒時體驗到這一切。我們或許會期待在夢中感受到和萬事萬物的私密連結，但清

醒時若能擁有同樣的清明時刻，感覺起來就像有一張超大的網把一切連結起來。

　　這個概念不是什麼祕密。幾世紀以來，靈性大師和神祕主義者不斷地告訴我們，比起表面上的物理分界，萬事萬物間其實有著更緊密的連結。當然，每樣東西看起來都是各自分開而獨立的。你在這裡，我在那裡，這邊還有隻狗，那邊有張長椅——都是分開的。但是一直以來，許多宗教、甚至今日有一些科學家會說：這種分隔是一種假象。

　　最驚人的事實是，地球上所有生命的組成原子，也就是人體的組成原子，可以追溯到一個大熔爐，其核心在極高的溫度和壓力之下，把輕元素（light elements）融合成恆星的重元素（heavy elements）。這些恆星，尤其是高質量的恆星，在晚期變得不穩定，於是崩解、爆炸，將各式各樣的組成物質噴灑在銀河中，包括碳、氮、氧和生命所有的基本元素。因此，當我夜晚仰望星空，我可以體會我們是宇宙的一部分，我們在宇宙之中，但是比這兩項事實更重要的是——宇宙也在我們之中。當我思索這項事實，我抬頭望天——許多人覺得自己很渺小，因為宇宙很大他們很小；但是我覺得自己很大，因為我身上的原子來自這些恆星，我們之間存在著某種聯繫。

　　——奈爾・德葛拉司・泰森（Neil deGrasse Tyson），
　天文物理學家、紐約海頓天文館（Hayden Planetarium）館長、天文界名人

　　我們和這世上的所有事物都有所聯繫，包括我們彼此、大自然及偉大的宇宙。這個概念非常棒，但是日常生活中，我們要怎麼感受到和宇宙的聯繫呢？我們需要找個洞穴閉關冥想三十年，才能開悟並感知這一切？或是必須借助藥物，每次看到花就產生幻覺？還是說我們必須每晚都做清醒夢？大多數人對前述這些作法，不是沒時間就是不感興趣。

讓我們再次援引好朋友馬斯洛的話。他相信如果我們眼裡只看到心理上覺得不對的事，就無法看清自我的完整樣貌。馬斯洛進行了一項革命性的心理學研究：他找來心智健康的人當受試者，而非以往心理學老愛研究的有嚴重心理問題的人。

　　這些備受讚譽的「自我實現者」（self-actualizers）身上饒富興味的一點是：他們經常體驗到所謂的「高峰經驗」（peak experiences），亦即生活中的高潮點，個人和他自己及周遭環境處於一種和諧共存的狀態。這些時刻通常伴隨極高的清明神志、狂喜、完整圓滿的感受，也會覺得自己和整個世界相連結。換句話說，就是天人合一。一般人一輩子可能會自發性地經歷幾次這種時刻。但根據馬斯洛所言，這些自我實現者每天都可以體驗到「高峰時刻」[1]。

　　要怎麼成為自我實現者？說的比做的容易。畢竟，你無法強迫高峰時刻發生。雖然我們手中沒有指引我們前去體驗這天人合一之美的公路地圖，但是可以把我們在夢境世界學到的一切應用在清醒生活中──這個作法會是絕佳的起始點。換句話說，你要把現實生活活得像清醒夢。

如同在夢中四處走動

下次出門閒晃時，試著想像自己在做夢，而每樣事物、每個人都是你的一部分。假裝你被自己的內在風景所圍繞，就像你至今已熟知的夢境世界。

像做清醒夢一般地過日子

讓我們醒過來！讓我們在人際關係中醒過來，
在工作場所醒過來，在生活的地方醒過來！
——法里芭・柏格莎朗（Fariba Bogzaran）博士，
藝術家、夢境研究者、作家

你有沒有過這種經驗？開車去上班，但是當你把車開進停車場，才困惑而緊張地發現：「我是怎麼開到這裡的？」腦袋裡幾乎想不起來方才這十五分鐘的車程，你心想：「我經過紅綠燈的時候有停下來嗎？我剛才有沒有超速？」

你的記憶一片空白。

有些人在執行生活中某些事的時候，過程已經完全自動化。我們每天都在生活中填滿例行、瑣碎的事物，心智不斷嗡嗡作響，對未來感到焦慮，對過去感到懊悔。我們讓其他人來支配我們的現實，讓生活像行進中的火車一樣轟隆隆地前進。

這就好比身在夢中，在昏沉出神的狀態下，毫無目的地四處遊蕩。

白日做夢者能知覺許多夜晚做夢者所不察之事。
——愛倫・坡（Edgar Allan Poe），
令人毛骨悚然的美國詩人，熱愛烏鴉

清醒夢的目的不是要把你的人生都睡掉，而是把日益精進的覺知能力帶進日常生活中。當我們學會在生活中保持清醒，也會對周遭環

境和現實世界更加敏感，更能覺察到我們如何與其互動、溝通，如何形塑我們所處的世界。在清醒世界中保持「做清醒夢一般的清醒」，代表更加覺察自己的一舉一動、所下的決定和做出的選擇。這也意味著你會充滿活力地和生活互動；相較之下，以往的一切都像一場朦朧的夢境。

丹津‧旺賈仁波切（Tenzin Rinpoche）在他的著作《西藏睡夢瑜伽》（*The Tibetan Yogas of Dream and Sleep*）中，描述了「西藏睡夢瑜伽」的核心真理：「夢的運作機制在夢裡頭比較容易理解，因為此刻觀察夢境，不會受到物理世界及理性意識的限制。白天的時候，雖然我們還是置身同樣的做夢歷程，我們會把內在的心智活動投射到外在世界上，並認為我們的經驗是『真的』，是心靈的外在之物。」[2]

我們身邊都有一、兩個憤世嫉俗的朋友，什麼事都抱怨，甚至情況好的時候也停不下來；也有那種在工作上精力超級充沛的人，對每件小事都興奮不已。這個世界可以是一場惡夢，也可以是一場美夢；夢中可以充滿朋友，也可以充滿敵人；可以成功，可以失敗；可以充滿意義，可以一片虛無。地球上有多少人，就有多少種觀點。就和夢境一樣，我們用思想、情感和期望來塑造我們的經驗。

不論在清醒和做夢時都保有自我覺知，讓你從容帶領自己走完人生這條路。當你將愈多的覺知帶進生活中，你會：

- 愈來愈不受到舊習慣和例行事物的支配。
- 懂得如何把意念帶進生活中。
- 象徵性地看待生活，實際地看待夢境。
- 清楚看見你每天落入的生活模式。
- 嘗試創造你想要居住的世界。

雙狹縫干涉實驗 (The Double-slit Experiment)

十九世紀初期的科學家楊氏（Thomas Young），在實驗中將電子射向有兩道狹縫的屏壁，結果發現以下現象：把電子射向一塊遮板，上頭有兩條平行且距離相近的狹縫，電子會同時穿過這兩道狹縫。而根據偵測方式的不同，電子的行進方式和粒子相同，或是和波一樣呈現出干涉條紋[3]。這個結果讓所有人大吃一驚：光是透過觀測，就能改變事物。藉由近年量子物理學的諸多發現，科學和數學又重建了雙狹縫干涉實驗，發現我們的知覺對現實有非常大的影響。我們現在知道楊氏實驗的結果是所謂「量子態疊加」（quantum superposition）現象——這個名詞只是聽起來比較炫，但意思就是，電子可以同時處於各種可能的狀態，並非被迫循一條固定路徑行進，而是有非常多的可能性。當我們開始窺看構成物質的基本粒子，檢視電子和夸克，我們會發現物質的成分中有九九％都是空的，只有非常、非常微小的帶電粒子在這空間中四處打轉[4]。沒錯，這個世界之所以看起來很堅固，都是因為這些帶電粒子。但是在量子層級，似乎就只有能量存在，完全沒有固體物質。上述這些觀念可能會嚇壞不少人，但是對我們這些夢境旅行者來說，卻可從中得到刺激：這些發現顯示這個世界比表面上看起來的更具有可塑性，我們的意識可以創造、形塑並影響周遭世界，就和夢境一樣。

孵出想要的現實生活

如果說我們創造了自己的現實生活，我們其實擁有非常大的力量，不是嗎？這意味著我們的思想、感覺和行動都在我們的掌控之中。如果此事為真，那麼向自己的生命宣示所有權，駕馭人生之船，航向遠方安詳美好的地平線，這一切都是可能的。

從本書一開始，我們就不斷灌輸關於「精力湯」或熱情這件事的重要性。如果你想孵一個夢，或是在夢境世界創造任何東西，你創造

的欲望背後一定要有熱情支撐。

　　如果你在清醒夢中證實前述說法為真，何不在白天醒著的時候也試試同樣的技巧？你正要洗車、找新工作、開口邀書店那位可愛的男孩出來喝一杯？如果你讓自己想要做某件事的意念非常明確、集中，而且充滿熱情，那麼奇蹟就會發生。

　　當你確切知道自己想要什麼，要得手就容易多了。

　　當然，在清醒世界中要隨心所欲是比在夢中來得困難許多。在清醒夢中，唯一阻隔在欲望和實現欲望之間的只有你自己而已。這個道理在清醒世界是否也適用？是，也不是。

　　清醒世界充滿了具象的課題，實在而堅固的障礙物阻擋了你的去

僧侶和做夢者一決勝負！

腦波只是測量腦部電波活動的數據。當我們從事一般的日常活動時，腦波呈現 beta 波（十二至三十赫茲）。當我們進入「微明狀態」，則會呈現 theta 波（四至八赫茲），這個狀態會一直持續到做夢。這陣子，科學家一直在尋找一種罕見的腦波：gamma 波（二十五至一百赫茲）。根據一項二○○四年的研究，科學家理察・戴維森（Richard Davidson）偵測了十幾位高僧的大腦，這些高僧都是達賴喇嘛推薦給戴維森的冥想高手。戴維森把測量腦電波的儀器接到僧侶頭上，當戴維森請他們冥想「慈悲心」，他們腦中會產生二十五至三十赫茲的腦波——也就是 gamma 波 [5]！接下來，讓我們快轉到二○○九年的德國法蘭克福大學，有六名受試者在睡眠時接受監測。他們先前都已接受過四個月的清醒夢訓練。當他們在夢中恢復意識，監控儀器的燈就亮了：這些新手清醒夢做夢者的腦中都產生了 gamma 波，腦波頻率每分鐘高達四十赫茲，比前述達賴喇嘛推薦的高僧冥想時的腦波頻率還要高 [6]！

路。假設你想成為醫生，你得有錢才能上醫學院就讀，然後要讀上好幾年，之後還得實習……等。

這些障礙的確存在，但是未必會成為麻煩，只要你不把它們當成麻煩就可以。再重複一次，你可以決定自己怎麼看待這個世界，如果你選擇被壓力擊垮、因為遇到阻礙而失志，這些障礙物就會化身為可怕的山妖，阻擋你往目的地前進。

但若你心中一直存著清楚的意念，並且將眼前的障礙都視為「雖不可避免、但可以解決」的現實生活議題，猙獰嚇人的山妖就會縮小變成無關緊要的小貓。

夢醒後的宿醉

經常有人問我們：「如果你這麼會做清醒夢，怎麼會想回到現實生活來？」現實生活往往很無趣。如果夢境是你自己一手創造的風景山水，當你回到平凡無奇的日常生活中，難道不會失望嗎？

要怎麼消除清醒夢醒來後的宿醉？

目標就是永遠不要對現實生活感到失望。大多數清醒夢做夢者會告訴你，所謂的「清醒夢醒來後的宿醉」（the lucid hangover）並不存在，事實上剛好相反──當你從清醒夢中醒來，你會感覺到一陣溫暖而喜樂的陶醉感。

你從夢中回到現實世界，把夢中的一切都帶了回來：那些飛行時感受到的悸動、和過世祖母重逢交談時流下的感動淚水、當你擊退惡夢妖魔後內心升起的驕傲和信心，以及最重要的（比任何事都來得重要）──你在夢中清醒時感受到的清明神志。

一旦知道自己是人生的造夢者，就像做清醒夢一樣，任何時候都可以自主改變現實生活的體驗方式。就像你手中可靠的指南針，銀針總是指向北方，你在夢中清醒的神志也會永遠留在你身邊。

重點整理

我們在夢境世界學到的準則也可以應用在清醒世界。

- 在清醒夢中，我們可以實際體驗哲學層面的「天人合一」。
- 你的思想、情感和期待會形塑你的夢境生活，這幾項因素在清醒生活中也擁有強大的創造力。
- 如果你能像雕塑夢境一樣雕塑清醒時的生活，那會變成什麼樣子？你在夢境世界學到的準則，如「改變自己，而非改變夢境」，要怎麼應用到清醒生活中？

未來的願景

未來屬於有夢最美的人。
——愛蓮娜‧羅斯福（Eleanor Roosevelt），
人權鬥士、美國前第一夫人、全方位的女強人

　　人類自十五萬年前從綠草如茵的非洲大草原甦醒之後，就不斷地在成長、蛻變[1]。讓我們和遠祖從此分道揚鑣的演化大躍進，並非來自生理上的改變，而是來自內在的變革。人類開始出現可以內省的意識——換句話說，我們意識到自己有了意識；這使得我們成為獨一無二的生物物種。在這個劇烈轉變前，人類在清醒世界的行為舉止和我們今天在夢中是一樣的——缺乏自省，處於一種無意識、被動反應的狀態。在此重大變革之前，我們當然可以意識到外在環境，但是我們

沒有反思生活的能力。在變革之後，我們成為所謂的 *Homo sapiens sapiens*（智人），這是拉丁文中「睿智的智人」的意思[2]；或是如同作家麥可・馬洪尼（Michael Mahoney）深思後所得：「知者知之。」[3] 我們是人類，具備更廣大的觀點及內在的世界。

抓緊你的帽子，我們可能要再做一次革命性的跳躍。就像許久之前那次典範轉移，這次的改變也不會是肉體上的；我們不會長出一條新尾巴或是學習怎麼從嘴中吐出毒液來。

如果今日的改變又是另一個內在的改變呢？如果我們再度清醒過來，只是這次是在我們心靈的內在風景之中？

在尋常的夢境裡，我們不帶任何內省的能力四處走動。我們和夢境互動，就好像那是真實的生活。雖然我們清醒時的心智已經進化了數千年，但是夢中的腦袋好像還困在自動駕駛階段，缺乏清醒時的認知能力。如果清醒夢是另一個演化進程的開端呢？或是一種新的自我覺知能力的浮現？

到目前為止，這本夢境指南都把焦點集中在「你」身上：你從事的冒險、你遇到的問題。不要誤會我們的意思，你很棒，真的非常棒。但是讓我們先把鏡頭拉回來，看一下更大格局的全貌。如果這項能力不只是一種嗜好，而是社會的基石，那會是什麼樣的光景？清醒夢有可能改變全世界嗎？

投射進未來

集體的歷史和個體的歷史一樣,
其中每件事物都仰賴意識的發展。
——榮格,
佛洛伊德的門徒、徒弟變師父的典範

　　當我們的遠祖開始想到思想這件事時,我們如今視為理所當然的其他能力,例如幻想、先見之明、好奇、複雜的邏輯、推論等,也隨之浮現。有了在夢中自我反思的新能力,我們也一樣可以發現自己擁有更多前所未見的新能力。如果我們開始把夢境視為一個真實、可隨意變化的體驗工具,世界可能會徹底改變。

指引

未來,清醒夢可能會成為一種內在的羅盤,不管是個人層面或是集體層面的問題,都能協助我們找出問題的解答。正如過往許多古文明,一般人也能和自己的夢境相聯繫。我們每日所做的夢經過解釋後,將可提供我們指引和洞見。

　　就像平常和伴侶、朋友談論天氣一樣,我們未來也會和他人討論自己的夢境(不管是一般夢或清醒夢),協助彼此發現夢境隱藏的意義。我們將用網際網路傳送、分享夢境,就像在臉書上分享清醒時的各種經驗一樣。你也可能每天早上一起床,就在社交媒體或網路上發表一篇前晚做過的夢。這類的可能性無窮無盡。

療癒

如果醫學和心理衛生的專業領域也接受了清醒夢的重要性，在治療患者時將之運用在療程中，那又會是什麼樣的情形？雖然全世界已有許多心理學家和專業人士廣泛運用「夢工作」（dream work）^{譯註三}，我們覺得可以進一步推廣，讓一般人應用在日常生活上。醫學界已經接受冥想和意象導引，那麼為何不運用清醒夢呢？既然身體和心靈原本就互相連結，人們可以透過夢境的運作，大幅影響個人的健康狀態。清醒夢可以和癌症的醫藥治療和心理療程相結合；過往的創傷經驗、情緒障礙、恐懼、焦慮、憂鬱，以及身體上的各種病痛，都可以透過夢境世界全方位地修補。專業人員還是有存在的必要，但是一般民眾會因此感到有自信、有力量，因為他們可將個人健康的一部分掌握在自己手裡。

教育和工作

要把做夢整合進我們的社會中，必須在教育系統內找一個尊重他人且體質健全的地方。如果我們鼓勵孩童重視做夢技巧，並琢磨、分享夢境，你覺得這會是什麼樣的情景？要接受夢文化，成人和孩童都要花更多時間在做夢上才行。或許小睡會成為稀鬆平常的日常習慣（為什麼只有小孩子可以有午休時間？）。在日間小睡片刻，可以構築清醒夢或練習孵夢技巧；甚至可以在夢境世界中繼續用功或執行案子。有意識地做夢是開啟創造力、解決問題、排練技能（例如演奏樂器、公開演講、從事體育活動）的絕佳方式。如果學校裡教導如何做清醒夢，並鼓勵學童利用夢境當作測試場，會是什麼樣子？夢境世界會變成獨一無二的教室（但是絕對好玩太多了！）。

創造力

任何事物被創造之前都必須先被想像出來。我們必須先預想出一張桌子的樣子,才能把它打造出來使用。建築師會利用他的心靈之眼及充滿熱情的意念,來設計規畫一棟建築物,之後這棟建物才能被實際打造出來。這樣的道理在夢境世界也是一樣。就如同蕭伯納的名言:「想像力是創造力的源頭。你想像出你渴望之物、想要你的想像之物,最後創造出你想要之物。」[4] 在夢文化中,夢是用來鼓勵創造力的上選工具。我們可以把夢境變為現實。

如果當今藝術家可以在沒有時間、審查和材質限制的情況下創作,會是什麼狀況?發明家可以測試發明,作家可以在夢中把小說中的情境實地創造出來,經理人或官員可以找到下週報告中該使用的正確字眼。任何一個領域都可以把夢境當作擴展其創造潛能的工具。與其把想像畫成圖或是靜靜呆坐著空想,一般人若能在創造的事物成真前,先進入夢境世界體驗其觸感、重量和細節,又會是什麼模樣?

未來之夢

我們必須教導孩子如何張開眼睛做夢。
——哈利‧愛德華(Harry Edwards),
社會學家、非裔美籍運動員權益促進者

你明天打算做些什麼?請暫停一下,一下就好。思考一下這個問題,用你的心靈之眼在腦中描繪明天的計畫。也許你打算蹓狗、去上

班、回家、陪孩子玩。也許你要做一場公開演講、參加比賽、簽合約、開飛機，或是再度開始作畫。如果你可以完全按照自己的方式，明天會怎麼樣？

你方才所做的，就是運用想像力創造一個尚未存在的未來。恭喜你！就我們所知，人類是唯一有此能力的物種。

想想看，如果沒有反思能力，我們會老是重複同一件事，繞著無止境的圈圈打轉。我們永遠沒有辦法想像一個不是現在的未來，也會落入不斷重複舊模式、老把戲的厄運。有了想像力，我們才會受到激勵迎向未知的世界，受到啟發去創造新的事物。

透過想像力，我們才造就了自己。當某人說出「我的夢想就是打造我自己的事業」，或是「我夢想有一天可以成為職業桌球冠軍」這類的話，他們正是使用**夢想**這個詞來描述一種還未出現的可能性。

我們的野心和目標就是透過創造而成真的諸多可能性。

我們太常使用想像力來描繪不想要的事物。我們想像自己最害怕的恐懼、所有可能出錯的情況，結果還沒開始就被疑慮給嚇呆了。然而，在夢境裡的社會，我們可以利用想像力來創造美好的事物，而非壞事。

現今的世界在許多第一線議題上似乎危機重重，不管是環境、政治、經濟、社會或教育，整個世界的處境顯得有點艱難。當我們思考全球性問題的解決之道時，夢有沒有可能放進清單之首呢？

　　如果我們想讓這個世界變得更好，首先必須想像這樣的世界真實存在。我們已經著手創造，只不過是在潛意識的層面。當然，修補這個星球需要實際的行動和改革創新。何不讓自己察覺夢境雷達偵測到的過程，利用夢境抓住船舵，航向更好的方向。

　　換句話說，為了改變這個世界，我們必須改變自己。

我們為什麼會做夢？

　　想要知道另一邊有些什麼，你得以最小最小的步伐穿過未知的薄膜。前方是一整個等著你去探索、去瞭解的世界。如果最初沒人跳入大海中，我們對海洋的奇妙將一無所知。如果未曾穿透地球最外層的大氣，就不會知道外太空的遼闊廣袤。快速瞥一眼夢境帷幕之後的世界，將看到夢中風景延伸至無限。

　　好奇心驅使人類累積豐富的發現史。宇宙的謎團不斷推著我們進入新領域，激起我們渴求未知的欲望。我們已經提出許多大哉問，還會有更多的問題等著被提出，其共通處，說穿了就是一個簡單的字眼：

為什麼？

所以，我們到底為什麼會做夢？

夢可以威力無窮、令人振奮、深刻到無法以言語形容，也可能改變人的生活——讓我們起床後感覺自己完全不同，或是感受到自己某方面確實改變了。我們在夢中可以達到最棒的表現，可以找到答案、克服限制和恐懼、開發新的可能性、解放創造力，找到療癒、愛、完整和圓滿。我們在夜晚的體驗，不管醒來後是否記得，影響我們的方式遠遠超過我們的想像。

在清醒夢中醒來，我們捕捉到一絲自我的映射。我們環顧真實自我顯露出的壯麗本質，以及周遭的世界，理解到的範圍超出這副肉身軀殼許多。我們往清醒世界之外探索，發現較之現下單一的物理世界，所謂的「現實」存在於更多層次的象限。而且我們擁有在這些異界運作自如、探索體驗的能力，過程中意識清楚完整。我們理解到，我們基本上擁有改變夢境、生活、心靈和未來的想像力和力量，可以無限地創造。

就是這裡，終點到了。但是不用擔心，也不要感到失望。一趟旅程的結束意味著另一段旅程的開始，一個真正的先驅者絕不會停止探索。找到一個世界不過是發現另一個世界的橋梁。當你準備好展開下一趟探險旅程時，請運用你在這本書學到的工具和技巧，希望這些家私幫得上忙。在我們分道揚鑣之後，請記住要保持興高采烈、意志昂揚的狀態。在出發前往地平線那一方時，要勇敢無懼。

祝你有個好夢。

譯註三：「夢工作」和古典「夢的解析」不同處在於，夢工作的目的是去探索夢境呈現
　　　　及引起的不同影像和情感，而非提供一個單一的結論。夢工作抱持的觀點為，
　　　　一個夢根據探索層次的不同（例如主體、客體），可能有很多種不同的意義。
　　　　夢工作的信條是每個人都擁有自己專屬的夢境「語言」。同樣的地點、人物、
　　　　物件或是符號，在不同人的夢境中或同一人、不同時候的夢境中，代表的意義
　　　　可能皆不相同。

附註和參考資料

第一章　嶄新的發現

1. Carl DeGuzman and Kevin Morton, "REM Sleep—Exploring a Fascinating Sleep State," 2010, End-Your-Sleep-Deprivation.com, accessed December 26, 2011, http://www.end-your-sleep-deprivation.com/rem-sleep.html.

2. *Tenth Anniversary Issue of Lucidity Letter*, ed., Elinor Gebremedhin, 10th ed. (San Francisco: Lucidity Association, 1991), 303.

3. Keith Hearne, *The Dream Machine: Lucid Dreams and How to Control Them* (Wellingborough, U.K.: Aquarian Press, 1990).

4. R. Stepansky, B. Holzinger, A. Schmeiser-Rieder, B. Saletu, M. Kunze, and J. Zeitlhofer, "Austrian Dream Behavior: Results of a Representative Population Survey," *Dreaming* 8 (1998): 23–30.

5. M. Schredl and D. Erlacher, "Lucid Dreaming Frequency and Personality," *Personality and Individual Differences* 37 (2004): 1463–73.

6. Xan Brooks, "'It's Complexicated,'" *Guardian.co.uk*, February 13, 2007, http://www.guardian.co.uk/film/2007/feb/14/1.

7. Stephanie Rosenbloom, "Living Your Dreams, in a Manner of Speaking," *New York Times*, September 16, 2007.

第二章　夢是什麼？

1. "Paul McCartney and Barry Miles," *Paul McCartney: Many Years from Now* (London: Vintage, 1998).

2. Gary Gardner, "Incredible Famous Dreams," *Lucid Dream Lessons Blog*, March 4, 2009, http://www.luciddreamlessons.com/2009/03/04/incredible-famous-dreams/.

3. Jack Kerouac, *Book of Dreams* (San Francisco: City Lights Books, 2001).

4. Adam Schneider and G. William Domhoff, "Dreams: FAQ." *The Quantitative Study of Dreams*, University of California, Santa Cruz, September 2011, http://www2.ucsc.edu/dreams/FAQ/index.html.

5. Kendra Cherry, "Why Do We Dream? Top Dream Theories," About.com

Psychology, September 2011, http://psychology.about.com/od/statesofconsciousness/p/dream-theories.htm.

6. C. Evans and E. Newman, "Dreaming: An Analogy from Computers," *New Scientist* (1964): 577–79.

7. Ernest Hartmann, "Making Connections in a Safe Place: Is Dreaming Psychotherapy?," *Dreaming* 6 (1996): 213–28.

8. J. A. Hobson, *Sleep* (New York: Scientific American Library, 1995).

9. Ibid.

10. Robert Moss, *Conscious Dreaming: A Spiritual Path for Everyday Life* (New York: Crown Trade Paperbacks, 1996), 72.

11. Ibid., 64.

第三章　夢的歷史

1. Robert Moss, *The Secret History of Dreaming* (Novato, CA: New World Library, 2009), xiv.

2. Robert Moss, *Dreamgates: An Explorer's Guide to the Worlds of Soul, Imagination, and Life Beyond Death* (New York: Three Rivers Press, 1998), 5.

3. Ibid.

4. "The Epic of Gilgamesh," *SparkNotes*, March 29, 2012, http://www.sparknotes.com/lit/gilgamesh/section1.html.

5. Kasia Maria Szpakowska, "The Perception of Dreams and Nightmares in Ancient Egypt: Old Kingdom to Third Intermediate Period" (dissertation, UCLA, 2000), 23–26.

6. Lucy Gillis, "And Now a Word from Ancient Egypt...," *The Lucid Dream Exchange*, August 2011, http://www.dreaminglucid.com/pastldeissues.html.

7. Moss, *Secret History of Dreaming*, 11–12.

8. Dawn Firewolf, "A History of Dreaming—From Ancient Egypt to Modern Day," *Realmagick.com* (blog), August 2011, http://www.realmagick.com/6181/a-history-of-dreaming-from-ancient-egypt-to-modern-day/.

9. Raymond L. Lee, "Forgotten Fantasies." *Dreaming* 20 (2010): 290.

10. Sarah Kofman, "Mirror and Oneiric Mirages: Plato, Precursor of Freud," *The Harvard Review of Philosophy* VII (1999).

11. Artemidorus, *Oneirocritica: Interpretation of Dreams*, trans. Robert J. White (Torrance, CA: Original Books, Inc., 1990) 3:11.

12. Aristotle, *On Dreams*, trans. J. I. Beare (Charlottesville, VA: InteLex, 2007).

13. Artemidorus, *Oneirocritica*, 3:11.

14. Artemidorus, *Oneirocritica*.

15. Carl Huffman, "Pythagoreanism" in *Stanford Encyclopedia of Philosophy*, revised June 14, 2010, ed. Edward N. Zalta, accessed March 29, 2012, http://plato.stanford.edu/entries/pythagoreanism/.

16. Raymond L. Lee, "Forgotten Fantasies." *Dreaming* 20 (2010): 291.

17. Moss, *Secret History of Dreaming*, 51.

18. Ibid., 55.

19. "The Oldest Language Known to Man." *School of Metaphysics*. 1995. School of Metaphysics. July 2011, http://www.som.org/1dreams/history.htm.

20. Rebecca Turner, "Dream Yoga: Lucid Dreaming in Tibetan Buddhism," *World of Lucid Dreaming*, July 2011, http://www.world-of-lucid-dreaming.com/dream-yoga.html.

21. B. Alan Wallace, *Buddhism & Science: Breaking New Ground* (New York: Columbia University Press, 2003), 253.

22. Gail Bixler-Thomas, "Understanding Dreams: Perspectives from the Ancients Through Modern Times," November 1998, accessed March 29, 2012, http://www.erhsgraphics.com/Dreaming.html.

23. Robert Moss, *Dreamways of the Iroquois: Honoring the Secret Wishes of the Soul* (Rochester, VT: Destiny Books, 2005).

24. Christopher Dewdney, *Acquainted with the Night: Excursions Through the World After Dark* (New York: Bloomsbury, 2004), 167.

25. Chrysostom John and Catharine P. Roth, *On Wealth and Poverty* (Crestwood, NY: St. Vladimir's Seminary, 1984), 12.

26. Raymond L. Lee, "Forgotten Fantasies," *Dreaming* 20 (2010): 291.

27. Ibid., 291–93.

28. Edain McCoy, *Astral Projection for Beginners: Learn Several Techniques to Gain a Broad Awareness of Other Realms of Existence* (St. Paul, MN: Llewellyn Publications, 1999).

第四章　快速動眼期

1. Chip Brown, "The Stubborn Scientist Who Unraveled a Mystery of the Night," *Smithsonian Magazine*, October 2003.

2. William Dement and Nathaniel Kleitman, "The Relation of Eye Movements During Sleep to Dream Activity: An Objective Method for the Study of Dreaming," *Journal of Experimental Psychology* 53 (1957): 339–46.

3. Tony Crisp, "Eugene Aserinsky," *Dreamhawk*, 2011, http://dreamhawk.com/interesting-people/eugene-aserinsky/.

4. DeGuzman and Morton, "REM Sleep."

5. Paul R. Martin, *Counting Sheep: The Science and Pleasures of Sleep and Dreams* (New York: Thomas Dunne Books/St. Martin's Press, 2004).

6. R. Llinás and D. Paré, "Of Dreaming and Wakefuless," *Neuroscience* 44 (1991): 521–35.

7. Hartmut Schulz, "Rethinking Sleep Analysis," *Journal of Clinical Sleep Medicine* 2008, 4 (2): 99–103. http://www.ncbi.nlm.nih.gov/pmc/articles/PMC2335403/.

8. "What Happens When You Sleep," National Sleep Foundation, http://www.sleepfoundation.org/article/how-sleep-works/what-happens-when-you-sleep.

第五章　意念的力量

1. Bruce Lowitt, "Bannister Stuns World With 4-Minute Mile," *Tampa Bay Times* (St. Petersburg, FL), December 17, 1999.

2. "El Guerrouj Hicham Biography," Iaaf.org (International Association of Athletics Federations), http://www.iaaf.org/athletes/biographies/letter=e/athcode=9824/index.html.

3. "Electromyograph," definition 1, The Free Dictionary by Farlex, 2009, from *The American Heritage Dictionary of the English Language*, http://www.thefreedictionary.com/electromyograph.

4. Lynne McTaggart, *The Intention Experiment: Using Your Thoughts to Change Your Life and the World* (New York: Free Press, 2007).

5. R. M. Suinn, "Imagery Rehearsal Applications in Performance Enhancement," *Behavioral Therapist* 8 (1985): 155–59.

6. Philip Cohen, "Mental Gymnastics Increase Bicep Strength," *New Scientist*, November 21, 2001, http://www.newscientist.com/article/dn1591-mental-

gymnastics-increase-bicep-strength.html.

第六章　記住你的夢境

1. Cristina Marzano, Michele Ferrara, Federica Mauro, Fabio Moroni, Maurizio Gorgoni, Daniela Tempesta, Carlo Cipolli, and Luigi De Gennaro, "Recalling and Forgetting Dreams: Theta and Alpha Oscillations During Sleep Predict Subsequent Dream Recall," *The Journal of Neuroscience* 31 (2011).

2. Marilyn Schlitz and Frank Pascoe, "The Achuar Dream Practices," Mystic Mountain Center for Healing Arts, http://www.mysticalcompany.com/Achuar. php.

3. "TV Before Bed Causes Chronic Health Problems, Study Claims," *The Telegraph*, June 9, 2009, http://www.telegraph.co.uk/culture/tvandradio/5483296/TV-before-bed-causes-chronic-health-problems-study-claims.html.

4. I. Feinberg, R. Jones, J. M. Walker, C. Cavness, and J. March, "Effects of High Dosage Delta-9-tetrahydrocannabinol on Sleep Patterns in Man," *Clinical Pharmacology and Therapeutics* 17 (1975): 458–66.

5. D. Watson, "To Dream, Perchance to Remember: Individual Differences in Dream Recall," *Personality and Individual Differences* 34 (2003): 1271–86.

第七章　撰寫夢境日誌

1. Robert J. Hoss, "Questions about Dream Language," DreamScience, http://dreamscience.org/idx_faq.htm.

2. C. M. Den Blanken and E. J. Meijer, "An Historical View of Dreams and the Ways to Direct Them: Practical Observations by Marie-Jean-Leon Lecoq, le Marquis d'Hervey-Saint-Denys," Spiritwatch, http://spiritwatch.ca/lucidity06.html.

3. "Memorable Quotes for 'The X-Files' Paper Hearts (1996)," IMDb, accessed September 2, 2011, http://www.imdb.com/title/tt0751175/quotes.

4. David Fontana, *Teach Yourself to Dream: A Practical Guide to Unleashing the Power of the Subconscious Mind* (San Francisco: Chronicle Books, 1997).

5. Charles Darwin to John Stevens Henslow, May 18, 1832, Rio de Janeiro, http://www.darwinproject.ac.uk/entry-171.

第九章　在夢裡醒來

1. "One Small Step." Apollo 11 Lunar Surface Journal, accessed February 22, 2012, http://www.hq.nasa.gov/alsj/a11/a11.step.html.

2. Stephen LaBerge and Howard Rheingold, *Exploring the World of Lucid Dreaming* (New York: Ballantine Books, 1991).

3. Mark Stibich, "The Stages of Sleep," About.com Longevity, accessed January 24, 2009, http://longevity.about.com/od/sleep/a/sleep_stages.htm.

4. "Apollo 11 Moon Landing: Top Quotes from the Mission That Put Man on the Moon," *The Telegraph*, July 20, 2009, http://www.telegraph.co.uk/science/space/5843299/Apollo-11-moon-landing-top-quotes-from-the-mission-thatput-man-on-the-moon.html.

第十章　保持清醒狀態

1. Stephen LaBerge, "Prolonging Lucid Dreams," *NightLight* 7 (1995).

2. LaBerge and Rheingold, "Chapter 6: Principles and Practice of Lucid Dreaming," *Exploring the World of Lucid Dreaming*.

3. John 17:14–15, *Holy Bible*, English Standard Version (Wheaton, IL: Crossway Bibles, 2001).

第十一章　交通方式

1. Martin, *Counting Sheep*, 216.

2. Moss, *Dreamgates*, 119.

第十二章　創造萬物

1. Benjamin Alfred Wetherill and Maurine S. Fletcher, *The Wetherills of the Mesa Verde: Autobiography of Benjamin Alfred Wetherill* (Lincoln: University of Nebraska Press, 1987).

2. George Dvorsky, "Managing Your 50,000 Daily Thoughts," *Sentient Developments* (blog), March 19, 2007, http://www.sentientdevelopments.com/2007/03/managing-your-50000-daily-thoughts.html.

第十三章　夢境住民

1. David Kahn and Allan Hobson, "Theory of Mind in Dreaming: Awareness of Feelings and Thoughts of Others in Dreams," *Dreaming* 15 (2005): 48-57.

2. C. G. Jung, *Memories, Dreams, Reflections* (New York: Pantheon Books, 1963).

3. George Parker Winship, ed. and trans., *The Journey of Coronado, 1540-1542, from the City of Mexico to the Grand Canyon of the Colorado and the Buffalo Plains of Texas, Kansas, and Nebraska, as Told by Himself and His Followers* (New York: A. S. Barnes & Co, 1904), 142-215.

第十五章　拔除惡夢的威脅

1. Richard C. Wilkerson, "Common Questions About Nightmares," International Association for the Study of Dreams, http://www.asdreams.org/nightma.htm.

2. M. Schredl and D. Erlacher, "Lucid Dreaming Frequency and Personality," *Personality and Individual Differences* 37 (2004): 1463-73.

3. Calvin Kai-Ching Yu, "Dream Intensity Inventory and Chinese People's Dream Experience Frequencies," *Dreaming* 18 (2008): 94-111.

4. Robert Waggoner, *Lucid Dreaming: Gateway to the Inner Self* (Needham, MA: Moment Point Press, 2009), 18.

5. Ruth Snowden, *Jung: The Key Ideas* (Blacklick, OH: McGraw-Hill, 2010), 54.

6. LaBerge and Rheingold, *Exploring the World of Lucid Dreaming*, 251-52.

7. Ibid., 236.

8. Ibid.

第十六章　療癒和圓滿

1. Lewis Richard Farnell, Chapter 10, *Greek Hero Cults and Ideas of Immortality: The Gifford Lectures Delivered in the University of St. Andrews in the Year 1920* (Oxford: Clarendon Press, 1921), 234-79.

2. Rosemary E. Guiley, "The Healing Power of Dreams," Visionary Living with Rosemary Ellen Guiley, http://www.visionaryliving.com/articles/healingdreams.php.

3. Candace B. Pert, *Molecules of Emotion: Why You Feel the Way You Feel* (New York: Scribner, 1997).

4. Colin Wilson, *New Pathways in Psychology: Maslow and the Post-Freudian Revolution* (London: Victor Gollancz, 1973).

5. Paul F. Dell and John A. O'Neil, *Dissociation and the Dissociative Disorders: DSM-V and Beyond* (New York: Routledge, 2009), xix–xxi.

6. Douglas Harper, ed., "Heal," Online Etymology Dictionary, 2001, http://www.etymonline.com/index.php?term=heal.

7. "Imagery," American Cancer Society, http://www.cancer.org/treatment/treatmentsandsideeffects/complementaryandalternativemedicine/mindbodyandspirit/imagery.

8. "Medical Conditions," Academy for Guided Imagery, http://acadgi.com/researchfindings/medicalconditions/index.html.

第十七章　孵夢

1. Anna Bonus Kingsford and Edward Maitland, *Dreams and Dream-Stories* (London: George Redway, 1888).

2. Moss, *Secret History of Dreaming*, 11–12.

3. Henri F. Ellenberger, *The Discovery of the Unconscious: The History and Evolution of Dynamic Psychiatry* (New York: Basic Books, 1970), 8.

4. Deirdre Barrett, "The 'Committee of Sleep': A Study of Dream Incubation for Problem Solving," *Dreaming* 3 (1993).

5. Moss, *Secret History of Dreaming*, 11–12.

第十八章　清醒導入的清醒夢

1. LaBerge and Rheingold, *Exploring the World of Lucid Dreaming.*

2. Richard R. Bootzin, John F. Kihlstrom, Daniel L. Schacter, and Stephen LaBerge, "Lucid Dreaming: Psychophysiological Studies of Consciousness during REM Sleep," *Sleep and Cognition* (Washington, DC: American Psychological Association, 1990), 109–26.

3. N. V. Zhilkina, "The Extreme Component in Idea Generation," in Russian, *Analytical Culturology* 2 (2006).

4. Robert Moss, *Active Dreaming: Journeying Beyond Self-Limitation to a Life of Wild Freedom* (Novato, CA: New World Library, 2011).

5. Moss, *Secret History of Dreaming*, 139.

6. Moss, *Secret History of Dreaming*.

7. Ibid.

8. Robert Moss, "Spend More Time in the Twilight Zone," *Timeless Spirit Magazine*, 2002, accessed October 22, 2011, http://www.timelessspirit.com/MAR04/robert.shtml.

9. R. Lydic, "The Motor Atonia of REM Sleep: a Critical Topics Forum," *Sleep* 2008. 31:1471-72.

10. Jenifer Swanson, ed., "Sleepwalking," in *Sleep Disorders Sourcebook* (Detroit: Omnigraphics, 1999), 249-54, 351-52.

11. LaBerge and Rheingold, *Exploring the World of Lucid Dreaming*, 139.

第十九章　認識自我

1. Carol L. Pearson, ThinkExist.com, http://thinkexist.com/quotation/heroes_take_journeys-confront_dragons-and/201756.html.

2. Ernest Hartmann, *Dreams and Nightmares: The Origin and Meaning of Dreams* (Cambridge, MA: Perseus, 2001), 173.

3. Snowden, *Jung: The Key Ideas*, 54.

4. Abraham Maslow, "Maslow Quotes," *Abraham Maslow: Father of Modern Management*, 2005, http://www.abraham-maslow.com/m_motivation/Maslow_Quotes.asp.

第二十章　清醒 vs. 做夢

1. Abraham H. Maslow, *Toward a Psychology of Being* (Princeton, NJ: Van Nostrand, 1968).

2. Tenzin Wangyal and Mark Dahlby, *The Tibetan Yogas of Dream and Sleep* (Ithaca, NY: Snow Lion Publications, 1998), 33.

3. Brian Greene, *The Elegant Universe: Superstrings, Hidden Dimensions, and the Quest for the Ultimate Theory* (New York: W.W. Norton, 1999), 98.

4. Ibid., 97-279.

5. John Geirland, "Buddha on the Brain," *Wired* 14.02, February 2006, http://www.wired.com/wired/archive/14.02/dalai.html.

6. Ursula Voss, PhD, Romain Holzmann, Dr. Inka Tuin, MD, and Allan Hobson,

MD, "Lucid Dreaming: A State of Consciousness with Features of Both Waking and Non-Lucid Dreaming," *Sleep* 32.9 (2009), 1191–1200.

第二十一章　未來的願景

1. Dennis O'Neil, "Early Modern Homo sapiens," *Evolution of Modern Humans: A Survey of the Biological and Cultural Evolution of Archaic and Modern Homo sapiens*, December 24, 2011, accessed March 12, 2012, http://anthro.palomar.edu/homo2/mod_homo_4.htm.

2. Douglas Harper, ed., "Homo Sapiens," Online Etymology Dictionary. 2001, http://www.etymonline.com/index.php?term=homo+sapiens.

3. Michael J. Mahoney, *Human Change Processes: The Scientific Foundations of Psychotherapy* (New York: Basic Books, 1991), 442.

4. Stephen Winsten, G.B.S. 90: *Aspects of Bernard Shaw's Life and Work* (New York: Dodd, Mead & Co., 1946), 63.

致 謝

　　對於協助本書完成的人，我們想要在此表達衷心的愛和感謝。首先，感謝我們的父母把我們給實際「夢想」出來。還要感謝所有在 Kickstarter 募資網站上支持我們的人，這些人用支票展現了超越性的信念。沒有這些人，本書可能還停留在想法階段。謝謝 Kickstarter 的團隊，尤其是 Yancey Strickler 和 Kendel Ratley，這兩位協助我們實現計畫。特別感謝 Workman 的 Bruce Tracy，他以智慧給予我們指導，偶爾也會伸手掐掐我們的厚臉皮。感謝我們可愛的經紀人：Andrea Somberg，在一狗票紐約寫作者中發掘了我們——對於過程中 Andrea 無盡的耐心和信心，我們銘感五內。感謝我們的死黨 Kyle O'Tain 和 Camille DeMere，這兩位閱讀了我們最早期的草稿，告訴我們內容哪裡有所疏漏；也謝謝其他的早期讀者 Terry Soloway、Brian Miller 和 Edye Weissler。感謝 Mallory Grigg，當我們被 InDesign 軟體給搞得昏頭轉向時，是他丟出救生衣救了我們的命。謝謝 Rebecca Storch 和 Lauren Pennline 處理貼郵票、寄送等雜務，並且一路支持協助我們。最後，要感謝 Krasimir Galabov 為我們架設了一個美麗的數位實驗室。

　　賈瑞·塞佐：「我非常感謝我的兄弟 Austin 和 Simon，向他們的同學推銷本書最早的版本。還要感謝我的表哥 Michael，最初是他領我進入清醒夢的世界。最後，要感謝我所有的家人、朋友和我所愛的人們，謝謝你們對這趟冒險旅程無限的支持。」

　　狄倫·圖契洛：「我要感謝 Linda Dawson 耐心聽我碎念這本書聽了兩年之久，也要感謝她一直給我關愛和支持。謝謝 Emma Tuccillof

親手裝訂了一本兩百五十頁的樣書，她的熱心令我感激。謝謝 Sean Tuccillo 一直讓我諮詢意見，當 Kickstarter 募資破表時打電話通知我。最後謝謝我所有的家人和朋友。」

湯瑪斯・佩索：「獻給所有勇往直前、膽大無畏、準備好要喚醒做夢者的人。只要攜手合作，我們就會想起自己是無限的。」

最後，要感謝所有在我們之前投身此領域的作家、研究者和做夢者。我們不過是追尋著先驅的腳步，走上這條他們已費心開墾的道路。

國家圖書館出版品預行編目（CIP）資料

清醒做夢指南：全面啟動你的夢境之旅／狄倫‧
圖契洛（Dylan Tuccillo），賈瑞‧塞佐（Jared
Zeizel），湯瑪斯‧佩索（Thomas Peisel）著；
MaoPoPo譯. －初版. －臺北市：大塊文化, 2014.04
　　面；公分. （Smile；116）
譯自：A field guide to lucid dreaming : mastering the
　　　art of oneironautics
ISBN 978-986-213-209-8（平裝）
1.夢　2.潛意識

175.1　　　　　　　　　　　　　　　103001633

LOCUS

LOCUS

LOCUS

LOCUS